U0502158

商业的未来

新经济发展中
值得关注的4个维度

ビジネスの未来
エコノミーにヒューマニティを取り戻す

Shu Yamaguchi
〔日〕山口周
◎著

杨文君
◎译

中国出版集团
现代出版社

版权登记号：01-2022-0953

图书在版编目（CIP）数据

　商业的未来 /（日）山口周著；杨文君译 . -- 北京：
现代出版社，2022.1
　ISBN 978-7-5143-9631-7

　Ⅰ . ①商… 　Ⅱ . ①山… 　②杨… 　Ⅲ . ①商业经营—研
究 　Ⅳ . ①F713
中国版本图书馆 CIP 数据核字 (2021) 第 263584 号
Original Japanese title: BUSINESS NO MIRAI
Copyright © 2020 Shu Yamaguchi
Original Japanese edition published by President Inc.
Simplified Chinese translation rights arranged with President Inc.
through The English Agency (Japan) Ltd. and Shanghai To-
Asia Culture Co., Ltd.

商业的未来

作　　者：［日］山口周
译　　者：杨文君
策划编辑：王传丽
责任编辑：张　瑾
出版发行：现代出版社
通信地址：北京市安定门外安华里 504 号
邮政编码：100011
电　　话：010-64267325　64245264（传真）
网　　址：www.1980xd.com
印　　刷：三河市国英印务有限公司
开　　本：787mm×1092mm　1/32
印　　张：8.25
字　　数：163 千字
版　　次：2022 年 4 月第 1 版　　印　　次：2022 年 4 月第 1 次印刷
书　　号：ISBN 978-7-5143-9631-7
定　　价：59.80 元

版权所有，翻印必究；未经许可，不得转载

谨以此书献给我的父亲和母亲

目 录

第二章
我们将去向何处

第三章
我们该做点什么

补 论

前　言

商业是否已经结束了其历史使命了呢？

这个问题是我执笔写这本书的出发点。也就是说，这本书的内容就是针对这个疑问从各种角度来考察的结果。我知道对于这样一个大的问题迅速做出回答是很危险的，但是如果让我直接从结论开始阐述的话，那么我认为答案应该是：Yes，商业正在逐步终结其历史使命。

本书中稍后展示的各种数据表明日本在过去的 200 年间不断传续下来的、"通过经济和技术的力量消除社会上的物质层面的贫困"这个使命已经结束了。这样的状况近来常常被人用"低增长""停滞""衰退"等消极性的词汇表现出来，然而这并不是一个应该让人感到悲伤的事情。因为自古以来，人类总是把"构建一个坚实的物质社会基盘，让人类生存不再受到威胁"当作夙愿来追求，所以现在的状况说明我们终于达成了这样的一个目标，即达到"值得庆贺的高原"状态了。

我们这些活在 21 世纪的人需要做的工作，不是困于怀旧情怀当中，努力对正在慢慢消失的"经济增长"的游戏实施各种举措以图无用的续命或者起死回生，而是应该相互庆祝我们达到的这个"高原"状态，然后通过"新的活动"来将这个世界从"（只有）安全且便捷舒适的世界"转变成一个"真正值得丰富多彩地生活的社会"。

想要积极地实现这样的转换，我认为大体上有三个重点。

第一个重点是"接受终结"。

相信没有人会质疑我们的社会现在正处于一个巨大的"转机"当中吧。可是，究竟要怎么做才能将这个"转机"变为正向的转变呢？美国的临床心理学者兼组织开发咨询师威廉·布里奇斯[1]就曾强调过在转机当中"接受终结"的重要性。

布里奇斯通过对那些在人生的转折点或者重要关头未能顺利转换角色，深受其苦的人们实施集团疗法的实践发现，这些"因为没有把握好转机而深受其苦的案例"当中普遍存在这样一个共通的问题，那就是"没有让过去真正成为过去"。也就是说，布里奇斯发现"转机"并不是"某种事情开始的时间"，正好相反，而是"某些东西终结的时间"。于是假设我们现在的社会正处于转机当中的话，我们在面对"什么东西开始了"这样的问题之前，就必须要先正视"什么东西要结束了"这个问题。至于这个问题的答案，就如我开篇所述那样，要结束的是"通过经济和技术的力量消除社会上的物质层面的贫困"这样一个社会使命。关于这一点，我在后文中会略显啰唆地通过列举各种数据来进行确认和说明。

第二个重点是要"积极接受"这样的状况。

现在，到处都能看到有人用"低增长""停滞""衰退"这样的负面词汇来描述现在的日本社会。但是我在很长一段时间内都觉得用这样的形容词来表现当下的日本社会是有违和感的。为什么这么说？那是因为各种各样的经济和社会指标表明，我们在过去 100 年间已经达成非常卓越的进步和改善目标了。人们经常提及的"低增长"，实际上是目标达成的末期，是我们向着"成熟而明亮的高原"阶段迈进的必然结果，我认为这并没有什么好感到悲伤的。

毕竟"低增长"是"文明化的终结"所带来的必然产物。文明化一旦终结，那么曾经担负推动文明进步重任的商业出现停滞不前的状态也是理所当然的了。如本书后文将要阐述的那样，地球的资源与环境是有一定容量限制的，所有的国家都将不得不在某个时刻停止增长。如果把"停止增长"设定为"文明化完成的目标"的话，那么我们不就可以认为日本是世界上最快达成这个目标的国家了吗？然后反过来想一想，"高增长率"实际也意味着"还没达成文明化目标"的意思。也就是说，高增长率并不意味着社会"正在推进"，而"落后了"才是它的真谛。从这样的角度来重新解读"增长的含义"的话，那么对整个世界的认知就会产生 180 度大反转。

我们在使用"低增长"这样的词汇来描述这个社会的时候，实际上是有个前提的，那就是我们潜意识中认为"社会只有高增长和低增长两种状态"。如果在一开始就明确了只有"高增长"和"低增长"两种状态的前提下，非要被迫做出选择的话，理所当然人们会回答"高增长更好"的吧。但是，这其实是一种诱导性提问。说这话的证据在于，同样是选择两个相对的词汇，假如把它换成是"不成熟与成熟"，再去让人做出选择的话，相信任何人都会认为"成熟的更好"。其实这个"成熟"就意味着"低增长"，而"不成熟"往往与"高增长"就像是硬币的两面，看似不同实际上是同一个东西。

简单来说，我们对于事物的评价，是根据当时使用的两项对立的词汇表达而左右摇摆的。正如索绪尔[2]曾经指出过，我们只能在我们所应用的语言的框架内把握这个世界，因此相比于用"高增长还是低增长"这样简单粗暴的对立表达来概括现如今的状况，我个人认为还是更加谨慎一点为好。

这样最大的问题在于，"增长"是一个只能用来表明"变化率"的概念的指标，并没有描绘出最初"我们想要创造一个什么样的社会"的蓝图，而是一种自以为是的独行者的姿态。我们在评价这个社会的时候常常会用到的"增长率"的概念，其实不是用来说明社会状态的指标，而是表示"变化率"的指标。也就是说像是把数学上的"微分值"当作了描述状态的指标来使用的意思。

但是，如果我们为了实现"理想型的社会"而日夜奋斗，那么我们就应该用这个"理想型的社会"目标实现了多少的"达成度"，也就是"积分值"来阐述才对。然后我们用这样的"表明状态的指标"来重新审视这个世界，就能知道我们人类在过去这 100 年间取得了多么伟大的成就。

请大家看看图 1。上图描绘的是 1800 年的世界状态，下图是 2019 年的。两幅图的纵轴都表示平均年龄，横轴则表示人均 GDP。一个一个的圆圈表示国家，圆圈的大小表示人口的多少。

通过对比可以明显发现，我们人类在过去 200 年间确实取得了非凡的进步。大多数国家的平均年龄都增长了 1 倍以上，人均 GDP 也上升了 10 倍甚至数十倍。其中尤其引人注目的是日本的"跳跃"般的变化。人均 GDP 从 1800 年时比印度稍微高一点，跟巴基斯坦差不多的水平，上升到 2019 年与法国和英国不相上下，与其他发达国家的差距也微乎其微。

汉斯·罗斯林[3] 的一本著作《事实》曾在全球范围内成为畅销书。书中列举了各种各样的指标来阐述"这个世界变得有多好"。那样的一本书在全世界受到狂热追捧，就说明我们在日常生活中是如何通过"有关'量的状态'的变化率"来衡量这个社会的，也说明这个数值的停滞似乎让我们丧失了自信。

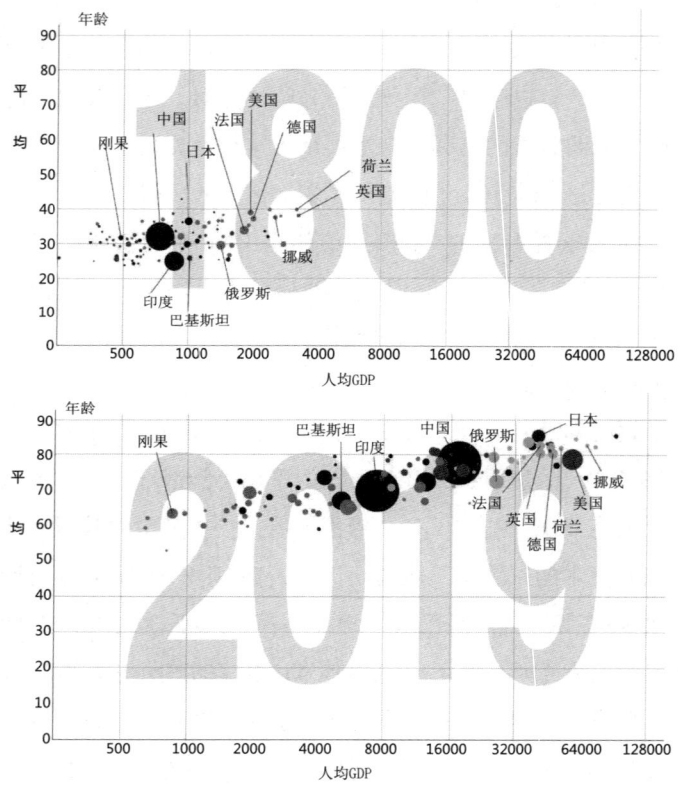

图1　1800年的世界（上）与2019年的世界（下）

最后我想说的是第三个重点，想要跨越这个转机，在于"开始新的游戏"。

近来有关资本主义已接近穷途末路的论调层出不穷，其中的大部分都是单纯地用"结束了"这样悲剧性的字眼来哭喊，完全没有指明新的方向。我在前文中曾经指出，"消除社会上的物质层面的贫困"这么一个商业的使命已经基本上达成，我们的社会正在朝着"值得庆贺的高原"迈进。但是我并不会因此简单粗暴地断定说"资本主义已经完了"，或者是"社会发展到此就停止了"等。尽管现在的社会中有关"解除物质层面的不满"这个游戏已经结束了，但是对于"生存价值""工作的价值"等这些"意义层面的价值丧失"的问题，或者是贫困或社会差距、环境等这些以往很难通过商业来解决的社会性课题还有很多。

极端一点来说，这个世界对于大多数人而言已经成了"便利且安全的、可以舒适生活的场所"，但是离"真正值得丰富多彩地生活的社会"还有挺远的距离。上述这些问题要如何解决，不同情况下有不同的答案，但是不管怎样，都可以说是"旧的游戏的终结，新的游戏的开始"。

此外，本书在执笔过程当中多次出现的"高原"这样的比喻性词汇，以及将我们现在生存着的这个现代社会当作是世界史上的"第二个拐点"的历史观点等，是借鉴了社会学者见田宗介先生的著作《现代社会将何去何从——开启高原的壮阔景色》一书当中所使用的各种各样的比喻手法及其体现的逻辑思维方式。在此特别要表达我对见田先生的感激之情。

写给那些忙碌的读者们的话

喀喀！本来我是想直接从这里开始立马进入正题展开论述的，但是考虑到各位工作繁忙的读者们，我决定把此书想要阐述的信息做一个总结给大家。

1. 日本社会正在朝着明朗开阔的"高原社会"软着陆

● 日本社会已经基本实现了自古以来人类对于"消除物质层面的不足"的夙愿，长期处于上升趋势的末段，增长率逐渐趋向于低下的现如今的这个状态，用隐喻的方法来表达的话就可以说成是"朝着高原的软着陆"。

● 当前这种增长速度放缓，朝着"高原"迈进的状态，总是时不时被人用"低增长""停滞""衰退"等字眼来表达，但是用这种带着贬义的表达方式来描述当前的日本社会现状是极其不恰当的。

● 日本社会已经从自 19 世纪中叶以来就一直困扰着日本的"无限崛起、扩张和增长"的强迫中解放出来了，接下来给日本人的使命是要去构想如何让这个社会变得更加丰富多彩和充满生机活力，并且为之付诸行动。

2. 高原社会的课题是"恢复经济当中的人性"

● 尽管资本主义被指出有诸多的制度疲劳，但是如果我们完全否认它去寻求一个新的系统，就很有可能沦为"思想的俘虏"。

● 相反，我们应该考虑的是通过"入侵"社会中已经根深蒂固的资本主义机制和市场原则来接管这个社会。

● 那时就需要将人性原则作为运行逻辑嵌入经济性原则当中去，假设社会是一个"集成电路"，那么个人的演算在其中扮演的就是"处理器"的角色，因此我们还需要将人性作为个体计算的一个因素纳入计算。

3. 实现上述目标的关键是以"根植于人性深处的冲动"为基础的劳动和消费

● 过去人们的思考和行动方式被"经济合理性"入侵，现如今我们将"基于喜怒哀乐的冲动"反向入侵到思考和行动方式中去，借此来解决以往单纯依靠经济合理性无法解决的那些问题，或者是实现之前未能实现的构想。

● 届时，"为了将来而牺牲当下"的这种手段主义式的，抑或叫作"工具性的（Instrumental）"思考和行动方式，就有必要转变成"丰富多彩地活在永远会循环往复的

'当下'"的这种"丰富自我"式的、也叫作"自我满足式的（Consumatory）[4]"思考和行为方式。

● 通过冲动来恢复经济活动，能够让由于过度追求经济合理性而停滞不前的社会创新重新焕发活力。

4.要实现上述目标，就必须对教育、民生福祉、税收制度等社会基石进行升级

● 为了促进基于冲动的自我满足式经济活动，让每一个人都去寻找"能够让自己热爱的工作"并为之努力，就必须导入一种补偿型的经济制度——"全民基本收入"（Universal Basic Income），简称"UBI"。

● 随着通过物质层面的定量计算来把握经济状况的"GDP"逐渐变得无效化，我们将引入多重指标来衡量高原社会的健全与富裕程度，如社会平衡计分卡。

● 当前的教育体系是为了培养人才来解决物质短缺和促进文明而建立的，对此我们要彻底改革，将其变成一种培养并意识到自己的冲动所在、能够采取行动、与同伴协同合作的人才教育制度。

● 为了实现上述全民基本收入和教育措施改革，我们将把税收制度转型成拥有更高负担和更高福利的类型，谋求财富的动态再分配。

读完上述的概述，如果您觉得"嗯，好像还挺有意思的"，那就请继续往下阅读吧。相信您一定能有所收获。

不过，如果您看完这个概要觉得"哈？这家伙在说些啥呀！"的话，也请您继续往下看看，我相信，您一定能收获阅读的乐趣。

---

1. 威廉·布里奇斯（1933～2013），美国作家、演说家和组织管理顾问。先后获得哈佛大学英语学学士学位、哥伦比亚大学美国历史硕士学位和布朗大学美国文学博士学位，之后他在密尔斯学院（Mills College）担任文学教授，但后来他辞去了教学工作，在从事写作、讲学、临床研究和咨询工作的同时，他探索了自己的组织发展理论，并最终担任了人类心理学会主席。

2. 索绪尔（1857～1913），瑞士语言学家和语言哲学家。被誉为"现代语言学之父"。他是符号学的奠基者，是后世学者公认的结构主义思想创始人。

3. 汉斯·罗斯林（1948～2017），瑞典乌普萨拉市的医生和公共卫生学者。他是卡罗琳学院的国际健康教授和瑞典斯德哥尔摩的 Gapminder 基金会主任。在他举世闻名的畅销书《事实》中，他用各种数据来展示了世界是多么美好。

4. 自我满足式的（Consumatory），"Consumatory"是美国社会学家塔尔科特·帕森斯创造的一个词。它的意思是"行为本身即是目的"和"自我实现"，已被用于社会学领域。"Consumatory"的反义词是"Instrumental（工具性的）"。

第一章

我们身处何方

我真的没有那么难过哦。因为我正在深山之
中偷偷享受着连你们都不知道的生活乐趣。

堀辰雄《美丽村》

我们，究竟身处何方？

在本章当中，首先我要确认一点，那就是"我们现在身处何方"。相信广大的读者朋友们也都知道，我当前执笔写下此书的时间——2020年9月，正是新冠肺炎疫情在全球肆虐的时候。疫情什么时候能够结束，或者说最后是否能够彻底结束，目前还有着诸多不一样的论调。

然而，不论哪种观点，它们都有这样一个前提，即"世界已经回不到原来的样子了"。不管这样的变化是好是坏，我们都置身于一种不可逆转的变化过程当中。至于我们应该如何在这种变化中挺过去，是我们需要今后花费很长时间去探讨的一个问题。只不过，做这样的探讨之前也有一个重要的论点必须作为大前提重新提出来确认。那就是：

我们，究竟身处何方？
我们的社会现如今处于什么样的状况之中？

如果对于这样论点的考察不加以重视，只是胡乱地采取一些短期对策，那么最终恢复的只能是"过去的劣化复制"。2020 年 9 月的当下，许多人都抱着"如何才能恢复日常性生活"的观点进行反复讨论，但是其实我们真的希望"完全恢复到过去的状态"吗？

如何构想后疫情时代的世界

比如，现在全世界，很多人不管是否愿意，都被强制在家办公。你要是问他们是否愿意重新恢复到"每天去办公室上班"这种在以前任何人都觉得"理所当然"、从来没有怀疑过的生活和工作的方式，他们中的大部分人都表示出了非常负面的反应[1]。这是一个很容易理解的例子，说明了我们以前那些认为"理所当然"、从来不曾怀疑的习惯或者行动当中，实际上并没有什么必然性或者合理性。

如果说，以往我们的常识或者习惯完全没有什么必然性或者合理性的话，那么恢复到充满了那样的常识或者习惯的日常当中去根本没有任何意义。而且有很多人已经开始意识到了这个恐怖的事实。在这样的状态下想要简单地把这个世界"恢复当初"已经不可能了。

我们现在真正要考虑的事情不是"恢复日常生活"。因为这样做的话，前方等待我们的只能是"原来很糟糕的过去、更加糟糕的重现"而已。我想这世上应该没有一个人会认为疫情前的世界是一个没有任何毛病的完美世界吧。既然这样，那么我们当下必须要考虑的问题，就应该是当我们把这次疫情看作是一个"契机"，那我们应该思考怎样让疫情过后的世界变得跟以往的世界不同的问题。

在思考这个问题的答案之前，我们有一个无论如何都要强调一下的重点，那就是"说到底，疫情来临前的世界处于什么样的状态呢"？

在第一章中，我主要会使用各种经济和社会统计数据来逐步解答这个问题。

已达高原阶段的社会

首先我想要跟大家确认的一点是，我们的社会已经完成了"确保物质层面的生存条件"的课题。自古以来，我们的社会在很长的一段时间内一直苦于"物质层面的贫困"之中，在疫情发生之前的阶段就已经基本解决了这个问题。

请看图 2。NHK[2] 放送文化研究所自 1973 年以来，每 5 年会实施一次"日本人意识调查"，图 2 为 1973 年和 2018 年针对该调查中关于"生活满意度"的回答[3] 对比。

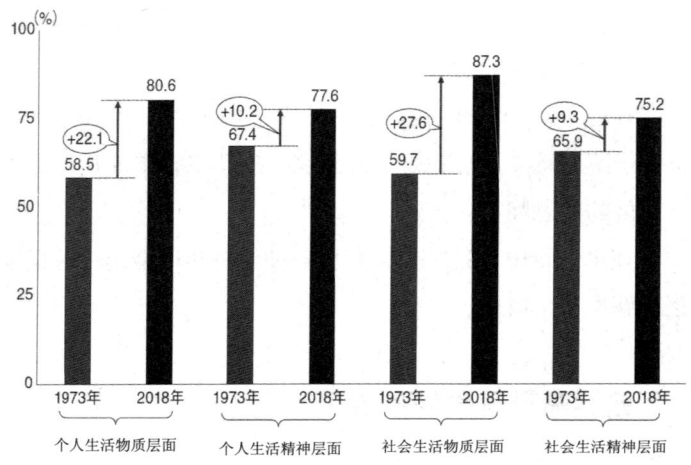

图2 关于生活满意度的比较（1973年和2018年）

从图2中可以看出，人们对于个人生活和社会生活两方面的物质层面的满意度都非常高。尽管日本社会自古以来常常饱受物资匮乏之苦，但是从这个调查结果可以看出，对于大多数人来说这个问题已经得到解决了。能让日本社会上的大多数人都具有这样相同的感受实属历史上的首次。

同样的结果从别的调查也可以看得出来。请大家看图3。这是自1981年以来在世界各国开展的"世界价值观调查"当中有关"生活满意度"的项目里面、展示日本这个国家1981～1984年与2010年的比较结果。随便看一眼应该就能看出来，"山峰在大幅度往右边移动"。

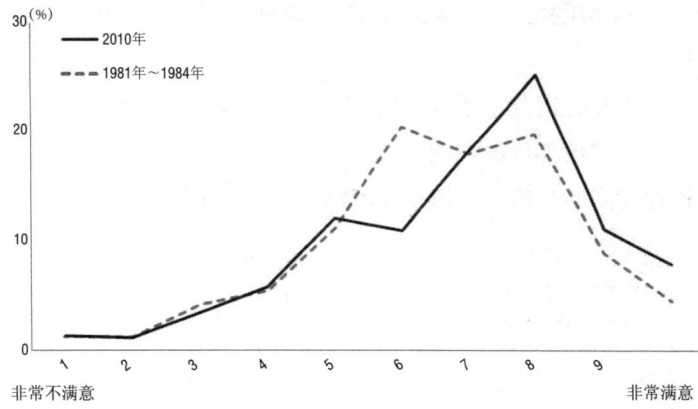

图3　关于生活满意度的回答（根据世界价值观调查结果统计）

　　1981 ~ 1984 年的调查结果中峰值为"6"，到了 2010 年该调查结果的峰值变成了"8"，整整移动了两个数字。这也就是说，对生活感觉满意度较高的人数得到大幅度增长。不过有一点值得注意的是，选择"5"以下数字的人，也就是"对生活感觉满意度较低的人"的占比几乎没有变化。

　　通过读图分析，我们可以得知在过去的 30 年间，尽管我们已经成功地让这个社会上"感觉满意度较高的人在大幅度增加了"，但是在"大幅度减少对生活满意度较低的人"这件事情上是失败了的。换句话说就是"有许多人被落下了"，这当然也会成为很大的社会问题。关于这一点，后面会重新论述，这里暂时不展开。

认为自己"总体而言还算幸福"的人增加了许多

大概是因为生活满意度整体上大幅度提高的结果吧，在同一个"世界价值观调查"的"幸福感"模块中日本的分数也在相同的时期内得到大幅度提升。请看图4。

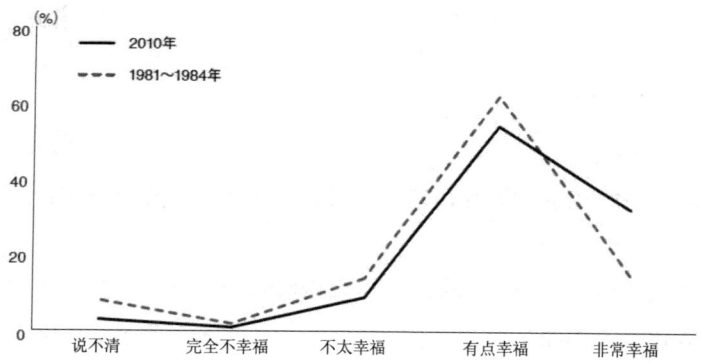

图4　在世界价值观调查中有关日本的幸福感回答统计结果
（2010 年及 1981 ～ 1984 年的对比）

从图中可以看出 1981 年到 1984 年再到 2010 年间，发生了三个大的变化。

1．感觉"非常幸福"的人从 15% 提升到 32%，超过原有的一倍。

2．"有点幸福"和"非常幸福"的合计数值从 77% 上升到 86%。

3. "不太幸福"和"完全不幸福"的合计数值从 16%减少到 10%。

也就是说，感觉"总体而言还算幸福"的人增加了许多。觉得"总体而言不幸福"的人减少了。看到这样的数值，可能很多人会感到诧异吧。

要说起 1981 ～ 1984 年，那是日本经济即将走向巅峰的时候。傅高义[4] 称赞日本式管理力量的《日本名列第一》在 1979 年成为畅销书，从这个时候开始，日本经济一路高走，直到 1989 年泡沫经济的顶峰。在这样一个"经济发展势头强劲的时期"的"幸福感"或者"满意度"的分数竟然比"经济停滞的时期"相比明显更低，我们又该如何去解读这样的现象呢？

过去 30 年间经济普遍低迷，但"生活满意度"和"幸福感"显著改善，这一事实给了我们一个重要的启示。那就是，"经济增长到现在，继续往上升已经没有多大意义了"。当我们把这个启示拿去与这个调查的时间顺序做一下对比就更加明朗了。

请看图 5。这张图是将上述世界价值观调查中日本"幸福感"数据按照时间顺序重新排列的结果。从这张图我们可以看出，以日本经济实力达到巅峰的 1990 年为分界线，在经济衰退明显的"1990 年至今"的这段时间内，幸福指数比起 1990 年之前竟然上升了 10 分以上。

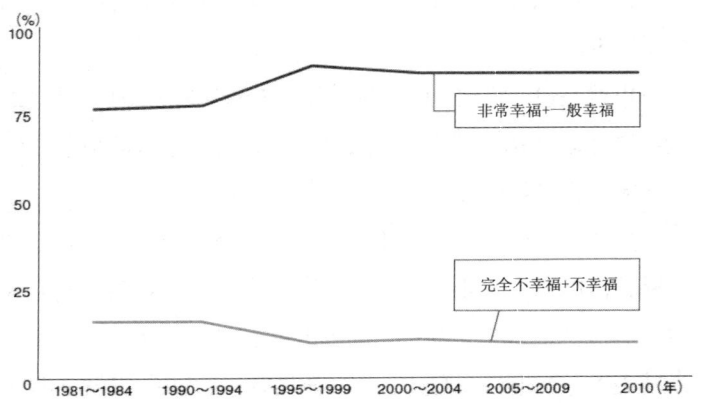

图5　在世界价值观调查当中有关日本的幸福感分数的推移

接近梦想中的乌托邦般的社会

对这些数据进行直接的解读，可以得出一个明显的结论，即"经济"和"幸福"之间不再息息相关。在经过多年经济增长的末期，我们已经实现了人类长久以来对于物质层面的基本条件的梦想与追求。一方面，现如今的社会可以说对于大多数人而言都是"总体而言还算幸福"的社会。换句话说是我们构筑了一个接近以前的人们称为"乌托邦"的理想型社会。

而另一方面，近来各地喊出的"日本的重生""日本的复兴"等颇具气势的呼喊声背后，总是伴随着一种国家主义的怀旧情绪在里头，"想要重新夺回日本曾经在世界上的经济存在感"。然而，在完全认清了前面所述的事实之后，就会发现那种仍然被"经济霸权决定国家等级"的老套价值观束缚着的想法是多么的落伍。

日本人经常用"失去的数十年"这样的表达来描述泡沫经济过后的数十年光阴。但是究竟我们"失去"了什么呢？如果说我们失去的是"作为经济一等国的尊严"的话，那种东西就算拿回来又有什么意义呢？

请你们回想一下，20世纪80年代后半段，由于泡沫经济而一夜暴富的那群日本人，连东西的好与坏都分不清，就满世界撒钱购买不动产、艺术品或者是高端品牌的东西，让人嗤之以鼻的他们被人轻蔑地揶揄成是"有钱的动物"的时候，当时的日本人是多么的羞愧呀。

到了20世纪90年代的前半段，随着泡沫经济的崩塌，持续低迷的经济或者是股价上的不断受挫，日本社会屡屡被人用"停滞的黑暗山谷"之类的字眼来形容，但是这样的字眼未免太过于消极，而且本身从事实上来说也是错的。

确实，日本社会依然存在着许多不容忽视的问题，但是之前给大家展示的"满意度"和"幸福感"的数据已经告诉我们这样一个事实，那就是日本社会正在切实地朝着"明朗开阔的幸福高原"的方向靠近。日本社会并不是朝着"停滞的黑暗山谷"的方向前进，而是朝着"成熟的明亮的高原"前进。这是我首先想要明确的"疫情来临前的社会走向"。

商业使命的终结

在今天的发达国家当中，"夯实物质生活基础，让人们的生存不再受到威胁"，这样一个人类长久以来的课题已经基本上完成了。这对于人类而言当然是一件可喜可贺的事情。然后让人困扰的问题也随之而来了。那就是"商业的历史使命的终结"这个问题。这说的又是什么呢？

Panasonic（旧称：松下电器产业）作为代表日本家电产业的企业，他们的创始人松下幸之助曾在松下电器的创业之初，这样定义了他们企业的使命：

> 生产者的使命是让珍贵的日用品像自来水一样取之不尽用之不竭。不论是多么贵重的商品，通过大量生产，并用相同的价格供给无数代人，这样才能彻底消除贫困。一切因贫困而产生的烦恼也就随之都消除了。这样人们在生活上的痛苦也会大大减少。在以物资为中心的乐园里，通过宗教的力量给予人精神上的安宁，这样人生就完满了。这就是我们企业经营的真谛。

以上就是广为人知的"自来水哲学"的最初宣言。松下幸之助在这个宣言当中宣称，生产者的使命是提供无穷无尽的生活物资，彻底消除贫困。也就是说，在80% ～ 90%的人都已经得到物质层面满足的当下的日本，Panasonic 成立之初的社会性使命已经达成了。

日本人从"二战"之后的废墟中重新站起来，成功地通过不到半个世纪的时间建立起来了西欧各国花费数百年时间才构建起来的社会文明，世界各国都纷纷赞扬日本是一个"奇迹"。其结果是，被松下幸之助定义为使命并通过提供丰裕的物资条件来减少贫困这件事，在日本已经可以说是基本完成了。

其实这也不是只有在日本才发生的事情。正如许许多多的统计数据显示的那样，生活在 21 世纪的发达国家的人们当中的大多数，已经不必忍受物质层面的不满意的生活了。其必然结果就是会出现可以被叫作"消费的非物质化"之类的变化。

比如，密歇根大学的政治学教授罗纳德·英格尔哈特[5]，在之前提到过的《世界价值观调查》当中基于详细的结果分析，认为我们发达国家的社会，已经从过去那种把经济增长和收入提升放在首要位置的"近代社会"转型为更加重视生活品质和幸福感受的"后近代社会"了[6]。所以说我们真的是活在了一个"文明化进程已经结束了的时代"。

然而从另一方面来看，"消除对物质层面的不满"也就意味着"市场上物质需求的萎缩"，于是对于商业而言就成了一个非常让人头疼的事情。之所以会这么说，是因为现在的社会体系是以"无限的增长"为前提建立起来的，因此物质需求不再上升的这种"高原状态"就会显得十分的不协调。

可以说人类梦寐以求的状态正在眼前逐步显现。这明明是全人类取得的伟大成果，然而我们却不能携手欢庆。不，何止是不能庆祝呀，几乎所有的组织从上到下全都是眉头紧锁的苦闷之人，认为"销售额和利润没有增长""股价上不去""找不到增长的机会""新事业无法开展"，等等。

这样其实相当于，在跟我们大多数人息息相关的"追求无限的增长的商业"游戏当中，隐藏着一个本质的破绽，一个游戏结束时就要爆炸的定时炸弹。何出此言呢？因为这背后的逻辑是，一方面强烈要求设置"使命"，另一方面又不让人为"使命达成"而感到欣喜。

尽管历史使命已经结束了，却仿佛没有结束一般，在世间掀起了不必要的混乱，想方设法地"延长使命结束的寿命"。这就是许多企业称为"市场营销"的行为吧。说到这儿我又想提一下前文中出现的布里奇斯所说的"接受结束"的这个问题。只是，现在大多数人已经注意到自己被欺瞒了的事实了。那些被迫去从事一些没有意思也没有意义的行为、每天被要求达成高目标而备感压力的人们，正在受到精神上的伤害。

向"能够孕育出文化多样性的商业模式"的转换

WHO（世界卫生组织）在 2017 年发表警告称，全世界范围内呈增长趋势的抑郁症，可能会成为 21 世纪中期发达国家严重的问题之一。这与文明化的终结问题也有着密切的关联。

我们人类是把某种"意义"当作人生动力来源而活着的。没有人可以一辈子从事毫无意思也毫无意义的工作。如果说我们的社会今后将会引来巨大的危机，它应该不是经济上的衰退或者物质上的不足，而是由于"意义的丧失"这个问题所引发的吧。

通过近代化而获得物质层面的丰富的人们，将会陷入"意义的丧失"的状况之中。做出这个预言的是 19 世纪的哲学家弗里德里希·尼采[7]，尼采预测，在物质方面不断丰富的同时，由于科学的蓬勃发展会导致宗教的规范慢慢解体，在这样的世界里，市井百姓就会被一种叫作"意义的丧失"的重大疾病所侵袭。据尼采的话说，丧失了意义的人们将会陷入"虚无主义"当中去。那么"虚无主义"又是什么呢。对此，尼采的回答是，"就是一种无法回答'为了什么呢？'这个问题的一种状态"。

> 虚无主义是什么意思呢？……就是各种崇高的价值当中的价值被剥夺了的意思，缺乏了目标。对于"为了什么呢？"这个问题找不到答案。
>
> 弗里德里希·尼采《权力意志》

一方面，在古希腊被认为有价值的"真·善·美"等"最崇高的价值"被剥夺了，而另一方面对于"为了什么？"的问题又找不到答案，这种状态就被尼采称为"虚无主义"。尼采对虚无主义的定义惊人、准确地反映了当今的社会状况。如果商业的目的是"提供丰裕的物质条件来消除社会上的贫困"，那么90%的人已经在物质层面得到了满足的情况下，对于"我们为了什么而存在"的这个问题我们是无从回答的。不，这并不是仅限于个别公司才会有的情况。如果把商业的使命定义为"消除社会上对物质层面的不满和不足"的话，那么之前确认过的数值正是在告诉我们"商业正在完成它的历史使命"。

　　那么身处"值得庆祝的高原"的我们，又该何去何从呢？对于这个问题，我会在第三章进行详细的剖析，在此简单归纳一下答案，就是要把"催生文明方面的丰富性的商业"转换为"催生文化方面的丰富性的商业"。

　　正如前面反复确认过的，自古以来我们社会的夙愿就是"消除物质层面的不足"，这个课题已经达成了。这是一个很伟大的成就，我们应该好好庆祝并接受该使命的终结。时代已经走到了不得不去思考的新世纪里，我们要给这个社会带来什么样的价值的这一步了。

GDP[8] 增长率触及天井

接下来我们聊一聊 GDP 吧。

2020 年 6 月，这本书还没有写完的时候，国际货币基金组织（IMF）下调了对 2020 年世界经济增长率的预测值，改为了 −4.9%。并发表称"这是自 1929 年世界恐慌以来，发生的最糟糕的经济萎缩"。如果单看各个国家的预测值就会发现，美国将会经历 1946 年以来最糟糕的负增长；英国则是 1709 年以来最糟糕的负增长；法国也是 1950 年以来最糟糕的负增长。尽管根据 IMF 的预测，只要新冠肺炎疫情大流行的第二波能够平安结束，那么"世界经济将再次恢复增长趋势"，但是这个说法真的是非常具有误导性啊。我觉得可能是故意这么说说而已。

为什么这么说呢，因为即使在疫情发生以前的阶段，发达国家的经济增长率已经长期处于明显的低迷趋势了。请看图 6。这是我根据世界银行发表的 7 个发达国家，也就是所谓的 G7 国家的 GDP 平均增长率，按照时间顺序排列做出来的曲线图。我是通过将各国的 GDP 增长率按照每 10 年算出一个平均值来制图的（比如，1980's 就是将 1981 年到 1990 年之间各国 GDP 增长率做了平均值计算）。数据统计截至 2019 年，所以不包含新冠肺炎疫情的影响。此外，德国的数据是从 1971 年才开始有的，因此在 1960's 的平均值当中没有算进去。

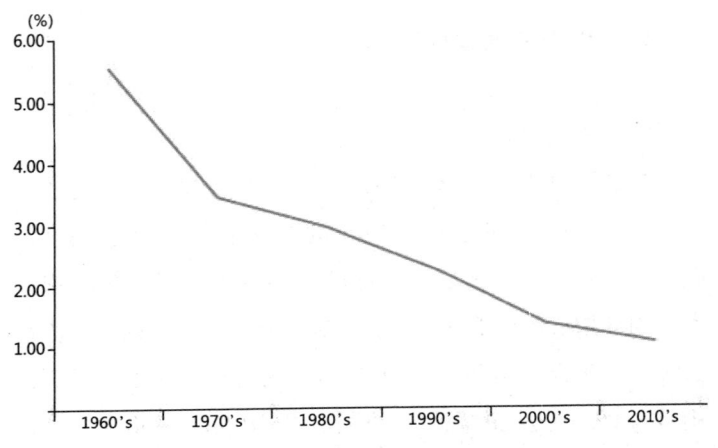

图6　7个发达国家的 GDP 平均增长率

　　通过这个曲线图我们首先可以看到的是，经过半个世纪，发达国家的 GDP 增长率处于明显的下滑趋势。很难让人相信这个趋势在未来会有所反弹。

　　因为我经常在各种不同场合说"反正未来预测总是不准的"之类的话，所以可能我说出上面那段话的时候有的人就要说我"哎哟，你改变信仰啦"。但是呢，如此明显的一个下滑趋势是长达半个世纪一直持续下来的，那么认为从长期的趋势上来看反转的可能性比较低，应该是很自然的想法吧。

　　当听到 IMF 发表"世界会再次回到增长趋势"这样的宣言，任谁都会误以为"在疫情前夕的世界经济是处于上升趋势"的吧。然而实际情况却是，不管有没有发生疫情，发达国家的经济增长率已经在中长期内朝着 0 增长的方向持续低迷很久了。这也就是为什么我要说 IMF 发表的内容具有"误导性"的原因。

日本人容易产生一种错觉，认为在发达国家当中，只有日本没赶上经济增长的浪潮。然而这样的想法是与事实相反的。这个数值告诉我们，经济增长率的低下，并不是由于个别国家的经济政策的原因，而是经济增长到末期完成了文明化之后，也就是物质层面生活基础夯实了之后，自然而然会出现的一个客观规律。

"GDP 的续命举措"

"我们的世界正在不可避免地往 0 增长的方向靠拢。"这样的观点已经被许多经济学家提出来过了。比如，哈佛大学的经济学教授劳伦斯·萨默斯[9]就曾指出，发达国家的GDP 增率长期处于低迷走向，并将这种现象称为"长期停滞"来加以解释。

萨默斯认为，2009 年世界金融危机过后，尽管美国联邦制度理事会（FRB）采取了一系列积极的缓和政策，但是美国的经济仅仅实现了微弱的回升，远远低于预期水平，而利率持续下滑的事实也是"许多专家都没有预料到的事情"。据此，萨默斯给大家指出了一个问题，那就是"这并不是由于金融危机导致的暂时性的停滞，而是从构造上长期的一个趋势"。

不过呢，对于这样的观点，我想可能有人要唱反调了。认为"GDP 并没有把非物质性的无形资产计算进去。现如今经济已经大幅度往产生非物质性的价值的方向切换了，所以如果把非物质性的产出放进 GDP 里面计算的话，结果肯定会有很大不同的"。这样的主张近来也确实在各个地方都吵得沸沸扬扬的。首先对于这种观点，我也只能回应说："嗯，说得也有道理。"然后在此基础上，斗胆提出一个观点，就是对于这种"GDP 的续命举措"，是需要基于以下三点来细细考察的，难道不是吗？

GDP 是"包含偶然性的数值"

首先第一点，不管你怎么补正，最后呈现出来的 GDP 一定是一个"包含偶然性的数值"，这点是不会变的。在计算 GDP 的时候，在让人头晕目眩的数据海洋中拾取关键数据，哪个要放进去算，哪个不放进去，也一定会存在主观性判断的影响。比如，加纳共和国的 GDP 从 2010 年 11 月 5 日到 6 日，一夜之间增长了 60%，从"低收入国家"上升到"中低收入国家"。

为什么会发生这样的事情呢？原因在于他们在计算 GDP 时加入了政治上的考量。"低收入国家"和"中低收入国家"在国际组织或者金融机构上可以受到的经济支援或者利率优惠力度会有所不同。因此他们的施政人员就要考虑"数值跌落到多少才是最划算的",然后基于这个判断做出"政治性调整"。

如果再往深一点讲,进行计算时有各种各样不同的约定规则,这也会很大程度上改变最后呈现出来的数字。举个例子,所有国家的 GDP 最终都是以美元为基础来计算的。各个国家的货币在换算成美元的时候,是根据汇率来换算成美元,还是根据物价水平(购买力平价)来换算,其结果可以轻松出现 10% 以上的差异。当今的日本 GDP 增长率正在"0.5% 上下"都有人吵个不停,但是其实原本 GDP 这个东西就不是说可以拿来做细微差别的探讨的硬数据,而是各国统计负责人基于某种"基本上被大家同意了的方针"而带有偶然性地拾取的数值。非要说的话,只能说是"一种意见"而已[10]。那些对于认为需要把无形资产纳入计算的讨论当中的人说"现在的 GDP 并没有表现出真实的状态",但是本来 GDP 里面就没有什么"真实的状态"呀。

这样思考下来的话,第二个论点也就自然地浮出水面了。那就是,在导入这种"新的计算方式"时,是否具有符合情节发展的合理目的性呢?

GDP 的发明所带来的问题点

我们在测量的时候，一定会存在某种"测量目的"的。比如，测量血压或者体重的目的是"维持健康"，调查水质或者大气污染程度则是为了"环境保护"，等等。那么，我们在说"计算GDP的时候应该包括无形资产"这句话的时候，究竟又是"为了什么"呢？

原本GDP这个东西是大约100年前由美国人发明出来的，目的是把握在经济大萧条的影响下日益变得陌生的社会和经济形势。当时的美国总统赫伯特·胡佛肩负着管理大萧条的重任，但手头有的只是股票价格、铁等工业材料价格、公路运输量等零碎的数字，能够用来做经济规划的立足点的数据尚未准备好。于是在 1932 年，国会聘请了一位名叫西蒙·库兹涅茨[11]的俄裔美国人来解决这一问题，并请他调查"美国能制造多少东西"的问题。几年后，库兹涅茨向议会提交了一份报告，其中的内容就是被现在的我们称为 GDP 的基本概念的雏形。也就是说是先有了"想要测量的问题"，后来才被导入了"为了测量而提出的指标"。

请大家注意在 GDP 被发明出来的整个过程当中，是"问题在前、指标在后"的。然而现如今我们在围绕着 GDP 进行讨论的时候往往变成了"指标在前、问题在后"。先把能够测算的东西测算一遍，然后再根据显示出来的问题寻找解决方案。

然而，所谓的"问题"，是我们"希望的模样"和"现实的模样"存在差距才会被定义成问题。

把这个套用到 GDP 的"新的计算方式"上来看，不禁让人感觉是我们不去描绘"希望的模样"，在对于"问题的定义"也是模糊不清的情况下，就很拙劣地想要快速找到将数值夸大的"指标"。

本来，我们必须要做的事情并不是那种"GDP 的续命举措"，而应该是先去探讨"人类要活得像个人样是什么意思？""更好的社会是个什么样的社会？"这些问题，然后再去思考"要衡量什么样的指标，才能让我们测出来目标的达成情况"的问题。以经济学家为首的一些专家当中大多数都非常厌恶这种讨论，原因很简单，像这种抽象的哲学层面的探讨过程没有办法让他们发挥"作为专家的权威"。

GDP 指标所蕴含的含义

在我们即将迎来的"高原社会"中，与环境和自然的可持续共存是必不可少的一个条件。在这样的社会当中，原本是为了明确"我们能够生产多少东西"而制定的一个指标，现如今却变成衡量政治和经济管理技能的最重要指标，实在是让人惊愕不已。

在物质层面不足的问题比较严重的时代，衡量"我们生产了多少东西"的指标 GDP 应该是有它的意义的吧。但是就像我在前面的章节中说过的那样，至少在发达国家，"物质层面的不足"这个问题已经解决了。对于一个物质随处可得的社会，如果你想把"生产了多少东西"的指标保持在高水平上，则不可避免地会促进浪费或者奢侈，这个社会就会陷入一个大肆挥霍扔东西反而被当作一种美德而得到礼赞的怪圈。只是，那样的社会真的是我们所渴望的吗？

加尔布雷思[12]的《丰裕社会》在 1958 年便成了全球畅销书，书中谈及了盲目追逐经济增长率指标的危险性，主张经济增长应与医疗、教育、福利等的提升平衡发展。然而，半个世纪过去了，尽管物质层面的满意度已经达到饱和状态，但是与加尔布雷思的主张背道而驰的是，GDP 这个指标比其他任何指标都更被重视，这又是为什么呢？我想恐怕这个答案是"因为没有其他更合适的目标"吧。正如蒙田[13]曾经说过的，"如果心里缺乏正确的目标，那么嘴上就会偏向于虚假的目标"[14]。我们的社会继续使用一个已过期的指标来当作指标，这一事实就在说明我们还没有能够构想出新的目标是什么样子。

如果是这样的话，我们必须要做的事情就不是笨拙而又想要快速地给 GDP 来个续命措施，而是进行一个公开的探讨，好好想想我们想要创建一个什么样的社会。让人们活得有价值的社会是什么样子的。然后再去思考要用什么样的指标才能衡量我们朝着创建理想社会的目标进步了多少，达成度是多少。这样才对吧！

重新设计新的价值观、新的社会愿景

然后第三点不得不提到的是，日本接下来是否要继续朝着"小美国"的目标前进，跟在它的屁股后面不停地追赶的问题了。

前面也提到了，GDP 原本是美国人想出来的一个点子，所以我们不能忘记这个指标当中还有一个目的就是衡量国威，正因如此才会（看起来）永远是美国处于优先的位置。在原本是英国殖民地的美国，为何在英国非常有人气的足球、板球或者橄榄球等运动完全不受人欢迎，而篮球、美式足球或者棒球等这些其他国家所没有的独特的运动会如此流行呢？同样作为曾经的英国殖民地的印度、澳大利亚或者新西兰，到现在橄榄球或者板球等运动仍然深受国民喜爱，这样一对比我们就发现了一个很不可思议的事情。这里头我们能够解读到的信息是，自开国以来在该国就普遍存在的"永远不要参加其他国家擅长的比赛"的这种强烈的选择意图。美国经济分析局曾经评价说"GDP 是 20 世纪伟大的发明之一"，当然他们这么想也没有问题。毕竟不管怎么说，通过这个指标的测量结果，才使得"美国持续稳坐世界第一的霸权国交椅"的嘛。然后现在美国正在经历从"制造产业"往"信息产业"的大转型，于是"将非物质层面的资产，即无形资产纳入 GDP 计算"这个论调现在成了主导。

如果我们把这样的论调后面所隐藏的真正意图解释为："以前 GDP 是一个能让我们自己看起来很厉害的标尺，现在这个标尺的衡量方式让我们的增长率看起来进步迟缓，而且有的国家也以突飞猛进的势头追赶上来了，我们想要改改游戏规则，让自己看起来还是领先的。"那么人们会对这样一个提议提高警惕也是正常的情绪反应吧？

从第二次世界大战之后的半个多世纪以来，日本一直在埋头苦干，"目标是成为美国那样的国家"，但是日本以后真的应该继续那样做吗？在我写这本书的 2020 年 5 月份，黑人乔治·弗洛伊德死于警察的无理暴力，这一事件成了导火线导致美国各地发生了大规模的骚乱。被种族歧视和经济差距的"双重分层"所撕裂，如今还没有完全实现全民医保的美国，在太平洋彼岸的日本看来，应该没有一个人会从心底里认为"那种社会就是日本人的理想"吧。

我并不是不能理解对于从第二次世界大战的废墟之中走出来、苦于"物质层面的贫困"的日本人为何会将讴歌物质方面繁荣富强的美国当作一个"令人向往的国家"。只是如方才所述，日本既然已经解决了这个问题，难道不应该是时候进入下一个阶段，考虑一下放弃对美国模式的追赶，重新设计一个能够替代经济和物质层面的全新的价值观，以及全新的社会愿景吗？

从全球范围来看增长率也是停滞不前的

话说我之前给大家讲过，7 个发达国家的经济增长率在中长期内持续低迷，这是由于"文明化的终结"的必然性结果。

那么，我想可能有的朋友会批判我说："你只提出来发达国家，而且是过去 50 年间的一个趋势数据，视野有点局限吧？"确实，据预测今后的经济增长会受到以亚洲和非洲为中心的非发达国家的牵制，所以只看发达国家的趋势来做出上述总结可能是为时过早了点。

那我们接下来就首先看看金砖国家（BRICS），也就是有望影响 21 世纪全球经济的国家当中，巴西、俄罗斯、印度以及中国这四个国家的数据吧。BRICS 这个词呢，原本是在 2001 年 11 月份，由投资银行高盛公司的经济学家吉姆·奥尼尔在给投资家们的报告 *Building Better Global Economic BRICS* 当中首次使用的一个造词。之后就在世界范围内扩散开了。不过最近在日本却几乎听不到有人用这个词了。

说到底数据究竟如何呢？俄罗斯在 21 世纪初的 GDP 增长率为 4.93%，与其他发达国家相比确实算是比较高的数值，但是到了 21 世纪 10 年代的 GDP 增长率仅为 0.9%，急速下滑到与法国、日本几乎相同的水平。而对于巴西来说也是，

21 世纪初的时候 GDP 增长率为 3.71%，到了 21 世纪 10 年代增长率降至 1.21%，也是与其他发达国家几乎相等的水平。

在人们欢庆新的世纪到来的 21 世纪初期，那么被期待能够"引领世界经济"的 BRICS 的势头在不到 20 年的时间内就泄了气，这个事实告诉我们一个严峻的教训。那就是即使在未来经济增长预期的非洲等地区，因追赶而产生的红利期也不会持续那么久了。

所谓的"增长"，"只不过是一种幻觉"

让我们再进一步扩大时间轴和空间轴来看一看吧。请看图 7。这是从古代到 2100 年之间的世界 GDP 增长率变化曲线。读图我们可以发现，自古以来，长达两千年的时间里面，GDP 持续保持上升趋势的是在 1950 年到 1990 年之间出现了峰值，然后到现在都一直处于下降的趋势。人类历史上第一次出现从上升到下降的反转的时候，正是我们这一代人活着的时候。也就是说，我们所生活的 21 世纪初期的这个时代，实际上是人类历史上的一个转折点。这个重要性再怎么强调也不为过。

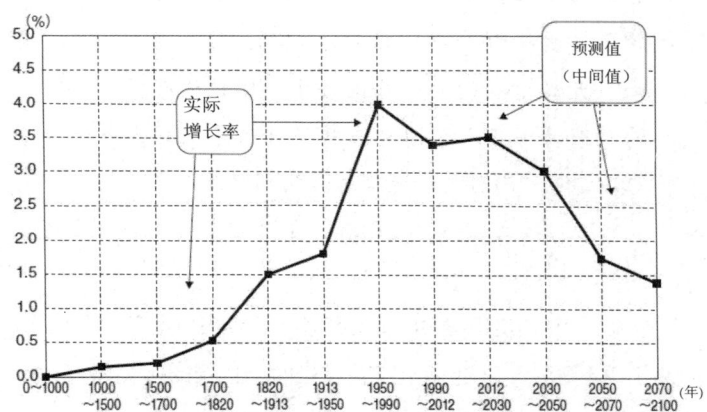

图 7 从古代到 2100 年之间的世界 GDP 增长率变化曲线

我们可能会有一种惯性思维，认为曾经我们的父母亲一辈所经历过的那种高速增长才是"正常的状态"。然而，如图 7 所示，那样的状态实际上在人类史上属于极端特殊的例外状况。

法国经济学家托马斯·皮凯蒂在其全球畅销书《21 世纪资本论》当中，把我们一般认为的这种"增长"归纳为"只不过是一种幻觉"。

历史上还不曾出现过某个处于世界技术前沿的国家能够在较长时期里保持超过每年 1.5% 的人均产值增长率。如果看最近数十年，我们会发现最发达国家的增长率甚至还更低，1990 年至 2012 年，西欧国家的人均产值增长率为 1.6%，北美为 1.4%，日本只有 0.7%。正如我开始时提到的，将这一事实牢记于心是十分重要的，因为许多人还以为正常的增长率应该是每年至少 3% ~ 4%，而历史和逻辑都表明那只是人们的幻觉。

托马斯·皮凯蒂《21 世纪资本论》

在该书中，皮凯蒂本人拒绝对未来 GDP 增长进行预测，他说"我不确定"，还指出"就过去两个世纪的历史而言，这个数字极不可能超过 1.5%"。另外，经济学家和民间经济学家普遍对长期经济预测有很强的上行倾向，大多数情况下实测值都会低于预测值，这一点大家还是留意一下为好。

当我看到这些数字的时候，内心最真实的想法是，"所谓的增长不过是一种宗教信仰罢了"。

"增长、增长"与"信仰"相同

我在 2017 年付梓的《世界上的精英们为什么要锻炼"审美意识"？》一书中提到过，商业上的决策已然变得过于倾向于科学性，反而让企业变得更加矮小和脆弱，因此恢复商业中基于人性的敏感度和直觉就显得尤为重要。然而对于经济和社会的认知方面而言，我觉得这个倾向明显正在逆转。理由很简单：因为"无限增长"的想法无非只是一种"不科学的幻想"而已。

举个例子，正如皮凯蒂指出的那样，即使未来世界经济的增长率保持在 2% 的"慢速"增长，那么 100 年后的世界经济规模也将会是现在的 7 倍，300 年后则变成 370 倍，1000 年后会达到 3.9 亿倍。而如果我们把这个增长率提升到大多数人认为比较理想的 4%，那么刚刚这些数字将变成是：100 年后是现在的 49 倍，300 年后为大约 12 万 9000 倍，1000 年后大约会是"1 亿 3826 万亿倍"，这完全是一个没有意义的数字了。如果考虑到现阶段地球的资源、环境和自然等问题已经成为重大的课题，就应该知道连 2% 的增长率都是不现实的了吧。

相信在科学上不可能发生的事情就叫作"信仰"。也就是说那些整天叫着说"增长、增长"的人，就是把增长这件事情当作一种信仰来相信了。美国社会心理学家利昂·费斯廷格[15]主张的是认知失调论，通过许多的例证证明了"当自己的信念与事实不相符的时候，比起'改变自己的信念'来说，人们更偏向于会'改变对事实的解释'来试图维护自己的信念"。这一现象尤其在有宗教信仰的地方容易被观察出来。费斯廷格得出这个理论的起因是，他潜入一个邪教组织，用事实来告诉组织内的信徒他们所坚信的"UFO 会来地球""有一天大洪水会将地球淹没"等预言不会发生，然而这些信徒依然坚持自己的"信念"，丝毫没有想要退会的想法。

然后时至今日，哪怕我把"即使创新势头强劲，但经济增长放缓的势头并未扭转"这样的事实摆在那些相信经济会不断增长的日本人眼前，他们也依然歇斯底里地反驳，认为"是因为没有把非物质层面的无形资产计算进去""可能迟早有一天会达到极限吧，但不是现在""通过创新可以打破增长的界限""非洲经济增长最终将带动世界经济""社交网络等免费服务的价值没有被纳入GDP计算"，等等。这样的论调真是越听越让人想起这个费斯廷格的认知失调论，当人们眼前的事实与自己的信念有冲突时，人们往往不会改变自己的信念，而是试图改变对事实的解释。

接下来我们来聊一聊跟GDP的关联性比较高的劳动生产率的话题吧。不用我多说，生产率就是指将各个国家的GDP除以总投入劳动量，简单地说就是表示"你的工作效率有多高、创造了什么样的价值"的指标。

在日本时常能听到的有关劳动生产率的论调是，"日本在发达国家当中的劳动生产率很低，应该进一步提升劳动生产率"。确实，如果将现阶段的发达国家的劳动生产率截取"当下这一瞬间的横截面"来看的话，日本的生产率并不值得表扬。不过我想说的结论是，我对于"我们再稍微提升一点工作效率吧"这样的观点完全没有异议，但是在这里我还是想给大家明确一下"各国的劳动生产率增长率推移图"，也就是"新冠肺炎疫情之前世界的一个状态"。

因为GDP增长率整体比较迟缓，要说理所当然也是没错，整个社会的趋势就是"朝着高原方向软着陆"，这一点您看一眼图 8 应该就能看出来了。7 个发达国家的劳动生产率的增长率，从 20 世纪 60 年代达到有记录的峰值以来，尽管有过短期的高低起伏，但是发达国家整体的趋势是呈现明显下滑倾向的。

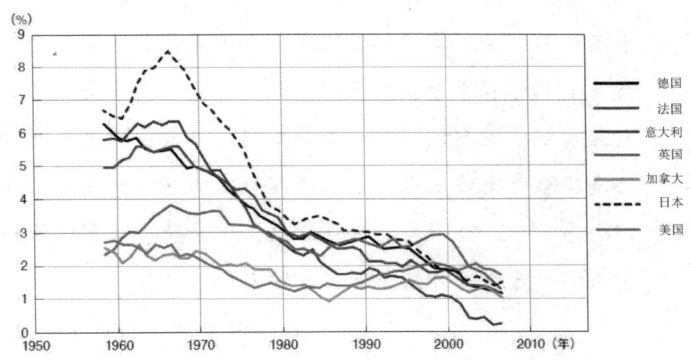

图 8　7 个发达国家的劳动生产率的增长率推移图

此外，有一个背景希望大家提前了解一下，就是图中可以说是一个例外发生在 20 世纪 90 年代的美国中期劳动生产率看起来是呈上升趋势的。那是因为 90 年代末美国采用了结合电子设备性能提高的物价计算，通过引入所谓的"享乐价格指数"来降低通货膨胀率，或者将企业购买软件的经费从"购买中间材料"切换到"设备投资"等各种各样的"有关 GDP 计算方法的操作"，使得过去几年 GDP 大幅增长。

随着享乐指数的引入和软件购买投资的变化，20世纪90年代末至21世纪之初的实际GDP增长率明显看起来提高了许多。当然事实上美国整体也在蓬勃发展，所以GDP也并非完全虚假。然而，不可否认的是，这些变化可能使经济看起来比实际情况更好。而且，由于首先采用根据享乐指数来计算的是美国，因此美国经济看起来强于欧洲国家和日本是肯定的。大海的另一侧的经济决策者也许正在百思不得其解，明明任何国家的任何公司都可以公平地使用计算机，但为什么计算机革命带来的生产力提升只出现在美国呢？

黛安娜·科伊尔 GDP

换句话说，美国20世纪90年代突然的增长趋势有些令人迷惑不解。关于劳动生产率日本人经常以"只有日本是失败者"的语气来自嘲，但是从"当下这一瞬间的横截面"来看，其实大家都是半斤八两嘛。而从中长期来看就会发现，所有发达国家普遍都处于"劳动生产率的增长率长期下降"的趋势中。

从"异常状态"到"正常状态"

但是,我们回头想一想,不觉得这个数字很让人震惊吗?说起 20 世纪 60 年代,那时的通信手段仅限于电话、电报和邮政通信。传真就不要说了,那是一个连复印机或者电子计算器都没有的时代。以 1970 年发射升空的阿波罗 13 号飞船的事故为背景拍摄的电影《阿波罗 13 号》当中,有一幕是在发生了致命性事故之后,汤姆·汉克斯扮演的航天飞船船长吉姆·洛威尔重新计算飞船轨道的场景。船长进行计算时使用的是"铅笔和橡皮",而那些帮助验算的地面工程师们用的也是计算尺(一种模拟计算机)。当时的计算机非常重、运算速度慢,且十分昂贵,即使是日常需要进行复杂的数理计算的 NASA[16] 也几乎不使用电子计算器,而是仰仗于蛋白质构成的通用计算机——大脑。与那样一无所有的时代的生产率的增长率相比,进入 21 世纪之后,传真复印机之类的自不必说,还有手机、电子邮件、Messenger、电话会议系统、计算机、演讲软件、表格计算软件,等等,由科技武装起来的今天,竟然生产率的增长率要低得多。

互联网相关的科技被应用到工作现场是在 20 世纪 90 年代之后,那时我们的工作方式可谓是产生了翻天覆地的变化,其结果应该是大大地提升了生产效率才对,然后看一下实际的图表可以发现,那样的"武装"并没有起到改变钝化的曲

线的效果 [17]。我们每天都在活用日新月异的新科技、拼命努力去提升整个劳动生产率，然而尽管如此，劳动生产率的增长率却长期处于下降趋势，这又是为什么呢？

对于这个问题，西北大学经济学教授罗伯特戈登回答说："它不是在下降，只是在恢复正常。"戈登的观点如下："20 世纪 60 年代的那种高生产率、高增长率绝对不是资本主义的正常状态，可以说是人类历史上极其特殊的、空前绝后的异常事态。"也就是说，劳动生产率的增长率并不是"正在下降"，而是"以前是异常偏高，如今只是在逐步恢复到正常状态而已"。

人们对于世界的认知强烈地反映了每个人的个人记忆和经历。我们现在这一代人日本人脑子里的世界形象是由我们童年的印象和记忆，或者说是受父母亲一辈的印象和记忆影响所形成的，因此很容易让人误以为"增长"才是正常状态，而现在的这种日本的"低增长"是不正常的。正因如此，整个社会为了将这个"不正常的状态"扳回到"正常状态"，过去的 20 年间采取了各种各样的经济举措和企业对策，到头来只是在徒劳的基础之上再增徒劳。根据戈登的理论，从数万年以来人类漫长的历史轨迹上来看，应该说 20 世纪后半段的这个时代才是真正的"异常状态"，现在我们只是再重新逐步回到"正常的状态"上去而已。这一观点和前面介绍过的托马斯·皮凯蒂的观点不谋而合。

如果说戈登或者皮凯蒂的观点是正确的话，那么现如今大多数的日本企业制订较高的增长目标，企业内部的员工呕心沥血投入工作的这种状态，就会变成是一种毫无意义的努力，好不容易才慢慢恢复的"正常状态"，又要重新让它回到"异常状态"的轨道上去。

但是这种毫无意义的努力最终也只能换来毫无意义的成果吧。如果说现在的日本社会是朝着"正常的状态"逐渐软着陆的话，那么日本人的努力的方向，不是强行将它拉回"异常状态"，而应该是要让这个"正常的状态"变得更加丰富、令人愉悦、充满生机活力，难道不是吗？

硬着陆的日本

在此，我希望各位重新关注一下第 45 页图 8 当中的日本。从图中我们可以看出，7 个发达国家当中除了日本，下滑曲线都是比较平缓的，给人一种"软着陆"的印象。然而日本的曲线却可以用"急速下降"来形容，是非常剧烈的"硬着陆"。

这个已然成了日本社会发生的各种各样的摩擦与冲突的重要原因。因为日本现在所依赖的各种社会系统和平台都是在把"增长当作必然前提"的 20 世纪 50 年代到 60 年代形成的。举个例子，"应届毕业生统一录取""年功序列"或者"终身雇佣"等方式，都是在把"无限持续增长"当作了前提，与当今日本企业所陷入的状态相比明显已经不合时宜了，但是这些"社会系统"早在 20 世纪 50 年代就被"安装"在这个社会上了，那时日本人都理所当然地认为"来年的经济会保持两位数的增长"。

有许多日本人把"终身雇佣"或者"年功序列"等人事政策当作"日本企业的传统"，但是这只是一个容易出现的误解，与事实并不相符。

首先，"终身雇佣""年功序列"这样的词语，其实是个新词。最早出现于波士顿咨询集团第一代东京事务所所长——詹姆斯·阿贝格兰于 1958 年出版的《日本的经营》一书当中。因此从历史的角度来看，50 多年来，而且是由一个美国人创造的词语，根本不是什么"日本企业的传统"。也就是说，平时用惯了的"年功序列"也好，"终身雇佣"也罢，这后面代表着的多数社会系统，从日本历史长河的角度来看，都是在极其短暂的一段时间内被运用起来的，是非常特殊的东西。

今天，我们的社会上不断涌现出许多的冲突与摩擦，比起说是由于"低增长"所导致的问题，我们更应该认为这是由于"将增长作为前提的社会系统"与"朝着高原软着陆的现实社会"之间的不一致造成的。从 1868 年的文明开化以来，经过长达 100 多年的努力，日本社会现在被"追求无限上升、增长和扩张的执念"与近年来不断增强的"逐渐下降高度，准备进行软着陆的自然引力"这两种力量不断撕扯，而这种"撕扯"正在引发各种悲剧和混乱。

人口亦趋向于天井

到这里为止，我为大家明确了在物质需求达到饱和的日本社会当中，无论是GDP还是劳动生产率都呈现出了"软着陆"的倾向。对于这样的观点可能有的朋友要反驳了，只要地球的人口还会持续增长下去，应该会产生出新的需求来吧。那，事实究竟又如何呢？

我们一起看一看人口动态吧。众所周知，日本的人口早已出现减少的趋势了，那我们就先从世界人口看起吧。根据联合国（2019年7月2日发布）的最新数据，据预测世界人口将从2019年的77亿人增加到2030年的85亿人（与2019年相比增加10%），到了2050年将会达到97亿人（增加26%），2100年则会达到109亿人（增加42%）。看到这样的数据，可能您会觉得"什么嘛，这不就是说接下来还是会不断增长的意思咯"？我在此想要跟大家确认的是"增长率"这个东西。

请看图9。这是从1750年到2100年的世界人口数量及年度增长率的推移图。从图中我们可以看出，到2100年，人口数量曲线是属于虽然缓慢但整体呈上升趋势的。另一方面年度增长率在20世纪60年代开始迎来高峰，之后就急速下降了。

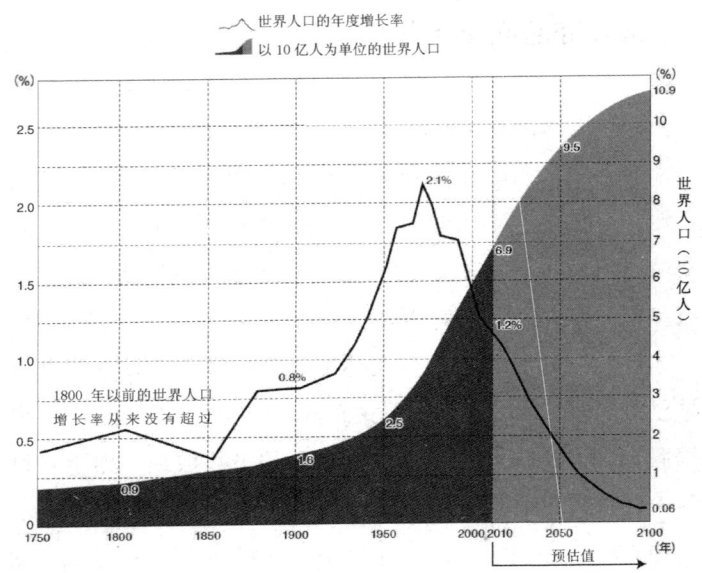

世界人口的年度增长率

以10亿人为单位的世界人口

图9　世界人口数量及年度增长率推移图

更准确地说，世界人口年度增长率迎来最高峰的时间是在 1967 年。之后长达半个世纪的时间，人口年度增长率都在一路下滑。人口年度增长率在 20 世纪 60 年代迎来高峰，之后半个世纪的时间明显处于下降趋势，这样一个事实是不是跟您之前看到的发达国家 GDP 的增长率曲线图一模一样呢？

还有一点就是，图中的曲线从 18 世纪开始逐渐上升，到了 20 世纪后半段达到峰值，之后急速下滑的这种高山似的曲线图，在本书当中可以找到好几处相似的形状。不用说大家也知道，物质需求的总量决定经济的规模，而最终这个总量要取决于人口数量。既然人口的增长率已经在50年前就过了峰值了，那么我们就可以认为，未来人口几乎不再增加会成为一种"常态"。

Logistic 曲线所展示的内容

好的，到这里为止呢我们确认过了 GDP 和人口两方面的增长率，两者都是在迎来峰值之后，长达半个世纪的时间明显处于下降、减少的趋势。那么，世界人口的预测值的可能性究竟有多高呢。实际上做人口增长率的预测是非常难的一件事情，过去许多国家或者国际机构所作的预测都曾出现过多次很大的偏差[18]，但是许多的研究机构和学者都曾指出，全球人口规模达到一定的数字之后将不再往上升，必然会达到一个上限的"常态值"。

这种观点的根据就在于"Logistic 曲线"。Logistic 方程式是一种用来表示生物个体数量的变化的数理模型。在一定的环境条件当中，比如，一个孤立的生态系统，给其中放入适合在该生态系统生存的物种，一开始会少量地繁殖，之后某一个时期开始会迎来急速增长的繁殖期，再之后随着个体数量达到环境允许的最大密度或者容量，繁殖率将下降直到几乎不增长，最后就会进入稳定的平衡期。用曲线来表示这个过程的话就能得到如图 10 当中这种 S 形的曲线图。

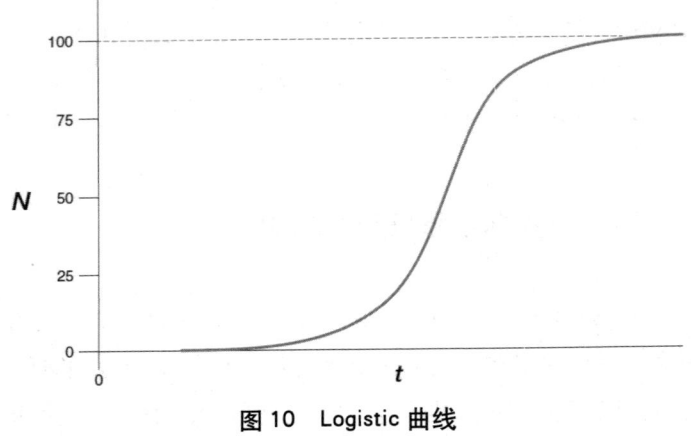

图 10 Logistic 曲线

具体来说 Logistic 曲线是一个微分方程式，[dN/dt=rN(1−N/K)]。这里的 N 表示个体数量，t 表示时间，因此 dN/dt 就表示单位时间内个体数量的增长率的意思。r 是内在自然增长率，K 是一个叫作环境容量的固定值。也就是说，通过这个模型我们可以知道，当个体数量 N 不断增加，越接近环境容量 K 的时候个体数量的增长率就会越低。顺便提一下，图 10 当中的曲线在繁殖量增加之后进入了稳定平衡期，但是这仅限于适宜生存的物种才会有的现象，有的物种会在达到增殖高峰之后迅速进入下降趋势，然后直接下降到物种灭绝。恐龙就是一个典型的例子。我们人类也是在地球这样一个有限的环境当中生存的生物，我们无法避免地会按照这个 Logistic 曲线发展，这是人类的宿命[19]。

"全球化"是在 20 世纪 90 年代之后世界各地都在频繁使用的一个词，但我深感这里面还包含着一层讽刺的意味。全球化（Globalization）当中的"Global"是从 Globe 这个词来的，Globe 的意思是"球"。球体并没有什么"边界"，所以对于想要在其表面拓展版图的人们来说，大概是因为地球乍一看给人的感觉是毫无制约的一个无限大的空间在眼前拓展开来吧。

然而从逻辑上来说地球也不是一个封闭的区域。在这里会有一个关键字浮出水面，那就是"有限性"。大航海时代以来，许多国家都展现出从地理上扩张自己的版图的志向。但是经过数百年的苦心经营，结果是再也没有新的空间可以去开拓了。这个就是一个明显的"封闭球体的局限性"的例子[20]。这样的状况也说明，日本社会正在"朝着高原方向软着陆"的阶段迈进。

轴心时代

到这里为止，我通过"生活满意度""GDP 增长率""生产率增长率""人口增长率"这四个方面的指标来给大家梳理了疫情前的世界是处于一个什么样的发展轨迹。接下来让我们看一下如果把这些单个的指标所展示出来的信息合并在一起能够给我们什么启发吧。

在这里让我们用一个稍微大一点的框架来把刚刚提到过

的 Logistic 曲线放进去，看看人类历史的发展轨迹吧。请看图 11。这是在 Logistic 曲线当中加入了人类文明史的一个曲线。在这里我把人类文明史分为四个阶段来整理。即"文明化之前的时代""前期文明化的时代""后期文明化的时代""文明化后（高原）的时代"。

所谓的"文明化之前的时代"，就是比如"货币""市场"或者"宗教"等这些构成我们社会基础的一些抽象的制度或者构造，还没有被建立起来的时代。自从人类的祖先诞生以来，经过数万年的时间终于迎来了转折点的一个时代就是"轴心时代"。这是人类面对的"第一个拐点"。"轴心时代"是一个大家不怎么经常听到的词语，这个是德国的哲学家兼精神科医生卡尔·西奥多·雅斯贝尔斯提出来的一个观点。他将公元前 5 世纪前后的大约 300 年间，全球范围内发生的思想史、文明史的转折点命名为"轴心时代"。

那么当时究竟发生了什么呢？

在这个时代里，古希腊的苏格拉底和柏拉图开了哲学先河；印度出现了《奥义书》和佛教；中东有了琐罗亚斯德教[21]；在中国有诸子百家；在巴勒斯坦有了成为后来基督教的基础的古代犹太教。非常不可思议的事情是，在短短 500 多年之间，从西方的爱琴海到东边的中国，影响现代人的精神、思想和科学的核心理念竟然几乎是在全球范围内同一时期百花齐放的。

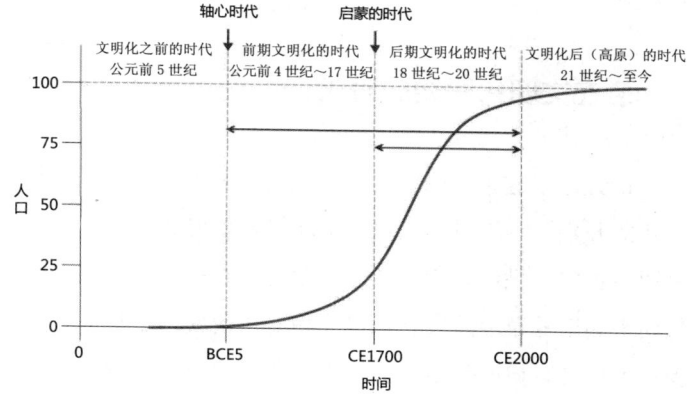

图 11　用 Logistic 曲线整理出来的人类历史文明发展曲线图

通常来说，在把握历史脉络时说的"近代"是指 16 世纪文艺复兴时期以后、启蒙时代开始到现代为止的这一段时间。"轴心时代"是"人文主义""理性主义"和"自由主义"这些近代的特征的萌芽时期，因此我称为"长期近代的开端"。

不过回头想一想，本来被当作"近代开端"的"文艺复兴"这个词，日语当中的表达沿用的是法语"larenaissance"的音译，就是"重生、复活"的意思。因此这里也有一层含义是指让"轴心时代"的古希腊和古罗马的文化重生、复活。因此不同时代的背后有着共通性的精神思想，也就不奇怪了。现如今的我们也能没什么违和感地阅读古希腊哲学家柏拉图所留下的著作，并和生活中日常的感受相结合来进行思考，这其实就说明，在"轴心时代"就已经具备了构成现代人精神世界的基石。

活在文明化终结的时代

话说过了这个"轴心时代"之后，人类就进入了"长期近代的开端"。不过到人口或文明呈现爆发式发展之前，还需要在过完中世纪之后，经过启蒙主义革命以及其带来的必然结果的产业革命阶段。虽说在轴心时代就已经具备了构成现代人精神世界的基石，但是距离通过科技的力量来快速夯实人类物质层面的生活基础，还需要大约 2000 年的时间。

通常人们普遍认为第一次产业革命的起点是在 18 世纪后半段的时间。这个时间点开始，人类所拥有的解决问题的能力得到爆发式的增长，衣食住行等各个方面都发生了巨大的改变，"文明化"进入急速发展的阶段，这个上升曲线一直持续到了 20 世纪后半段。然而正如前文所述，从多个侧面来看都能看出这个上升的曲线的倾斜角度在不断地变小，因此我有一个大胆的假设，今后这个曲线将会向着常态化的"高原状态"不断推移，达到不断循环出现"无限持续下去的幸福的当下"的美好时代。

这就是人类要面临的"第二个拐点"。

也就是说，我们人类经过公元前 5 世纪前后的"第一个拐点"之后，时隔了大约 2500 年，终于到了要切换到一个新的模式的时期了。如果把我从一开始表述的内容全部归纳总结一下，就是我们现在生活的时代，是"文明化终结的时代"。我想2020年全球范围内暴发的新冠肺炎疫情，将会是推动我们往"高原状态"急速推移的导火线吧。

"世界的复兴"意味着什么

正如大家所知道的那样，2020年年初，新型冠状病毒在世界范围内蔓延，到本人写这本书的2020年9月份为止，全世界的疫情状态仍看不到何时能够结束和稳定下来。虽然我也不知道在这次全球大流行病过去之后这个世界会朝着什么方向发展，但是现阶段已经发生了好几个重大的社会变化，我认为这些变化将会不可逆转地给我们的社会带来巨大的改变。

2020年6月，我自己也是分科会成员之一的世界经济论坛（又称"达沃斯论坛"）发表了将在2021年1月举行的年会主题——"世界的复兴（The Great Reset）"。世界经济论坛创始人兼执行主席克劳斯·施瓦布对于这个"复兴"的意思进行了如下的回答：

> 我们必须重新思考全世界的社会经济体系。从第二次世界大战以来沿用至今的体系无法包容不同立场的人，环境破坏也正在不断发生。它缺乏可持续性，可以说已经过时了。我们应该重新考虑以人类幸福为中心的

经济。

摘录自《日本经济新闻》2020年6月3日的报道

相信这本书读到这里，各位读者朋友应该能够深刻理解施瓦布所说的这些话是什么意思了吧。

也就是说，这场全球大流行病很有可能将会成为推动世界朝着高原软着陆的最后一道推力。这里施瓦布用了一种非常委婉的说法，如果结合他之前所说的话来重新翻译一下，那么"第二次世界大战之后延续下来的体系"就等于我们这本书当中不断提及的"以无限增长为前提的体系"。

那么，对于现在这个具有强迫性的社会体系，究竟要怎么去"复兴"呢？施瓦布在这里用到的词是"以人类幸福为中心的经济"。真想不到从一个在商场上身经百战的商人、同时也是经济学博士的人嘴里能说出这样富有诗意的话。从这一句话所描述的愿景当中，相信各位也能感受到一层乐观的希望吧，那就是我们的世界今后要面临的不是什么"停滞的幽暗山谷"，而是"明朗通透的美好高原"。关于更具体的内容，施瓦布还对记者做如下补充道：

记者：复兴后的资本主义会变成什么样呢？

施瓦布：我觉得资本主义这个词的说法本身就不太恰当了。由于金融缓和，现在到处都是钱，资本的内涵已经变得薄弱了。现在只有那些具有开拓创新精神的企业家或者人才才能带来成功，所以我更想叫它"人才主义（Talentism）"。

在这次疫情当中，大多数国家暴露出来了他们医疗体系的不健全。我们不能一味地重视经济发展，而是必须充实医疗或者教育等社会服务才行。尽管我们仍要以自由市场为基础，但是社会服务更充实的"社会型市场经济（Social Market Economy）"也是必要的。政府也应该重视 ESG（环境、社会和企业治理）。

让我对施瓦布所说的"资本主义这个词的说法本身就不太恰当了"这句话再稍微补充一点吧。所谓的"资本主义"，就是坚信"资本将会无限增值"而信奉的一种信仰[22]。施瓦布说的意思就是，既然资本已经过剩、不会再增值了，那么这个信仰也就无法继续维持下去了。

"资本的价值"也好，"时间的价值"也好，都归于零

我们知道，从近代以来资本增值的曲线就在持续上升，因此对于上述这样的观点可能一时间会难以接受吧。但是，有一个很直截了当的例子能够证明施瓦布所说的"资本主义的信仰已经难以维持下去"的这个观点。那就是利率。

我想读者朋友们也都知道，在进入疫情时代之前各个发

达国家的利率就已经不断下跌，几乎接近于 0 了。利率跌到文明史当中史无前例的低水平究竟意味着什么呢？让我们回到利息的定义再来看一下吧。首先让我引用《不列颠百科全书》当中对于"利息"这一词的解释吧：

"使用信用或者金钱所付出的代价。"

这真是一个很简单粗暴的定义呀。所谓的利息就是"资本的价格"。也就是说，利息逐渐变成 0 的这个事实，就意味着"资本的价值变没了"的意思。这才是施瓦布所说的"资本的内涵变得薄弱了"的真正含义。

日本的社会体系是以"通过时间来让资本的价值得到增值"为前提构建起来的，近代以来很长一段时间这都被日本人当作是一种常识，但是今后这将不再成立了。这究竟是怎么一回事呢？

这里很重要的一个点在于"时间"。"将来偿还资本时的代价就是利息"，这句话实际上就说明"利息"和"时间"有着不可分割的密切关系。如果说因为有了"时间"才会有"利息"的合理存在，那么反过来说就是"利息（资本的价值）"等于 0 就意味着"时间的价值"也变成了 0。不，不对，这个在逻辑上整个反了。真正在发生的事情应该正好相反吧。

也就是说，我们应该认为是因为"时间"不再有价值了，所以"利息"的价值也在下降。为什么说"时间"的价值没有了呢，那是因为日本社会已经达到了"高原"的状态，即使经过更长的时间，也不会再出现更高的上升、增长或者扩大了。

增长结束后"高原状态"下的社会

那么资本会变吗？

施瓦布对记者回答的是："会从资本主义转变成人才主义。"把"才华"换一个词来表述就是"个性"。只有现在活在这个世界上的人，每个人都基于各自的激情充分发挥自己的个性，这个社会才会变得更加丰富多彩。这样的一个未来就叫作"人才主义"。

这里也再次提醒我们这样一个想法，我们的目标不仅仅是简单粗暴的"经济发展"，而是为了实现"更好的社会"，我们应该将所拥有的才华与时间等资源投入进去。

施瓦布正是在呼吁大家，"我们要做的事情不是说让高原社会的高度进一步提升，而是如何将这个高原社会转变到让我们人类感觉幸福的方向去"。为此就需要我们拥有"新的人生观和社会观"。

正如前文提到数次的结论，在世界上被叫作发达国家的高度产业化的社会中生活着的人们，已经几乎解决了为了生存而要克服物质层面不足的这个问题。从近代以来，整个社会都处于"追求无限的增长、扩大、上升的压力"之中，而现在的日本接下来要面对的社会，是逐渐从这样的压力中解脱出来的崭新的时代。在这个新的时代当中，人们应该会目睹以前人们所依据的各种各样的规范一一解体的过程吧。

面对着从近代以来就一直持续上升的抛物线，惯性思维下有的日本人会理所当然地认为无限增长还会持续下去。可能对于这些人来说，一个结束了增长的"高原状态"的社会是不够刺激的、停滞的、没有吸引力的世界。因此，在这里我们必须要面对一个本质性的问题。

真正的问题不是"经济不再增长"，而是缺乏社会构想能力，"不知道除了经济增长之外还应该让什么东西增长下去"。再往深了说，就是我们内心的匮乏，"无法在经济不增长的状态下活得丰富多彩"。

---

1. 通过各种调查发现，70% ~ 80% 的人都回答的是"希望继续这样在家办公"。
2. NHK，日本的公共媒体机构。
3. 个人生活物质层面即吃穿住行等物质层面丰裕的生活；个人生活精神层面即有生存价值、内心平和而踏实的生活；社会生活物质层面即环境良好、住在安全且舒适的地区；社会生活精神层面即该地区或自己的职场、学校内有很多人可以沟通交流、很舒适地交往。
4. 傅高义（1930 ~ 2020），美国社会学家。哈佛大学教授。1979 年出版的《日本名列第一》在日本成为畅销书。1993 年到 1995 年曾任 CIA 国家情报会议负责东南亚地区的国家情报官。

5. 罗纳德·英格尔哈特（1934～2021），美国政治学家。密歇根大学教授。以针对"后物质主义社会"和基于对世界价值观调查的政治意识研究而闻名。

6. 罗纳德·英格尔哈特《文化的进化论人们的价值观与行动会改变世界》。

7. 弗里德里希·尼采（1844～1900），德国联邦普鲁士王国出身的哲学家、古典文献学者。作为存在主义代表性的思想家之一而广为人知。非常年轻就被选拔为瑞士巴塞尔大学的古典文献学教授。著作包括《悲剧的诞生》《查拉图斯特拉如是说》《权力意志》等。

8. GDP 的全称是"Gross Domestic Product"。中文翻译为国内生产总值。一般定义为"一定时期内国内生产活动的附加价值的总和"。

9. 劳伦斯·萨默斯（1954～），美国经济学家、政治家。16 岁进入麻省理工学院，28 岁成为哈佛大学史上最年轻的教授，名望甚高。早期曾出任世界银行首席经济师。在克林顿政权时期曾担任第 71 任美国财务部部长（1999～2001）、奥巴马政权时期曾出任美国国家经济会议（NEC）主席。

10. 为了使不同国家 GDP 比较有意义，理所当然就需要在各国使用同样的计算方法。那么，由谁来决定这个计算方法呢？现在联合国正在制作国民经济计算体系的计算手册。这本 1953 年制作的初版不到 50 页的手册，到 2020 年总页数已经超过了 700 页，即使是面向一般读者的解说手册也有 400 页之多。

11. 西蒙·库兹涅茨（1901～1985），1971 年获得诺贝尔经济学奖的美国经济学家和统计学者。1954 年担任美国经济学会会长。创造了今天 GDP 的原型，给计量经济学带来了巨大的变革。

12. 加尔布雷思（1908～2006），出生于加拿大的经济学家。哈佛大学终身名誉教授。20 世纪著作被阅读量最多的经济学家之一。1934 年到 1975 年他在哈佛大学执教期间，著有 50 本以上的著作和超过 1000 篇的论文。此外他还曾服务于罗斯福、杜鲁门、肯尼迪和约翰逊政府。

13. 蒙田（1533 ~ 1592），16 世纪文艺复兴时期法国代表性的哲学家。道德家、怀疑论者、人文主义者。著有《随笔集》，对欧洲的人文主义者有很大的影响。

14. 摘自蒙田的《随笔集》。

15. 利昂·费斯廷格（1919 ~ 1989），美国社会心理学家。在爱荷华大学师从"社会心理学之父"库尔特·勒温，思想受其影响。作为认知失调理论和社会比较论的提倡者而为人所知。

16. NASA 指美国航空航天局。

17. 然而另一方面，也许也可以认为这种"一无所有"反而推动了生产力。从 20 世纪 50 年代后期开始，日本、德国、意大利是名列前三位的国家。不必说您也知道，这些国家都是"二战"中的战败国，尤其是德国和日本，国土都被严重摧毁。不难想象，在这样的摧毁之后，如果试图从真正的"一无所有"恢复到文明社会，是很容易实现生产率的高速增长的。本书后面章节也会详细剖析，消费也就等同于破坏。如果说是消费创造了新的需求，那么在剧烈的破坏之后会出现生产率的高增长也就不足为奇了。虽然在本段论述中没有过多提及，但近代以来乔治·巴塔耶、让·鲍德里亚、罗兰·巴特等对消费方式进行深入探究的思想家们普遍认为，仅仅"使用东西"只能带来"缓慢的消耗"，想要推动经济急速增长的话就必须要有"破坏"。巴塔耶也好、鲍德里亚也好、巴特也罢，他们所说的"破坏"在现代看来就等同于"奢侈"的实质，是一种"消费的模式"而已。然而上述三国在战后所记录下来的高生产率的增长率，其实是在告诉我们，我们的经济增长实际上就是得益于"破坏"才有的，这里的破坏就是字面意思那样"非生产性的""非道德性的"。

18. 在现在的日本，"少子化"已经成为理所当然的前提，但是其他国家以往对于因少子化会导致人口减少的预测都跟实际情况有很大的偏差。例如，英国在20世纪初曾有一段时间出生率大幅下降，政府和研究机构在各种前提下制定了人口预测。现在回顾他们所作的17种人口预测，其中14种人口减少的预测完全落空，尽管剩下的3个人口增加的预测是对的，但预测值当中的人口增长数量远低于实际的增长人数。从结果来看，20世纪初英国的情况是，人口增长远远超过了政府和智囊团总结的17个人口变化预测。

　　另外，美国的出生率在20世纪20年代开始到20世纪30年代为止都在持续下降。受此事态影响，1935年发表的人口预测结果显示，到1965年美国的人口将减少到原来的三分之二。这不禁让人联想起日本的当前状况，但美国后来结果如何呢？由于参加第二次世界大战，结婚率上升，连带着出生率也大幅上升，结果导致1965年的人口非但没有减少，反而迎来了婴儿出生潮。

19. 提出可以用Logistic曲线这个概念来解释生物的繁荣和衰退的是比利时的数学家Pierre-François Verhulst。他为什么会想到这样的事情呢？这个过程还是很有意思的。Verhulst对于托马斯·罗伯特·马尔萨斯在1798年发表且引起很大反响的《人口原理》感到有些违和感，为了消除其中不太自然的部分而思考了这个模型。正如大家比较熟知的那样，马尔萨斯在他的《人口原理》中提到，人口是呈几何级增长的，而食物和资源只能在算术级数上增加，因此资源不足所导致的结构贫困是不可避免的。这个论点也被人称为是"马尔萨斯陷阱"。顺便说一下，马尔萨斯是个相当激进的人，对于他提出来的这个问题有人问道，"那么怎么做才好呢"？他只回答说"虽然可能会有人因为粮食不足而饿死，但是这些都是他们自己的责任所以我也没办法呀"。有人又问："结构性粮食不足导致饥饿的人该怎么办？"对此他扬言"为了促进自然淘汰，还是不要帮忙比较好"。当时他还提议把好不容易通过人道主义政治家才得以实施的"救贫法"撤销。所以不管怎么看他都不像是一个能交到朋友的人。

话说回来，Verhulst 对马尔萨斯的理论感觉到违和感的地方在于，"人口会无限增殖"的这个假设。之所以这么说，是因为 Verhulst 非常认真地思考后认为，即使理论上假设人口会等比例按照指数增长，但是由于实际上的环境和资源都是有限的，人口的增加总有一天会刹车才是比较自然的。随着人口的增加，人口增加率会降低，人口也会在某处达到饱和。逻辑斯蒂方程就是从这一点入手被研究出来的，后来变成了生物个体数量增殖的一个模型。

20. 一旦空间的有限性变得清晰，剩下的我们只能去延长时间。然而，时间的局限性也被雷曼事件给暴露出来了。雷曼事件的震中是针对低收入者的抵押贷款，即所谓的次级抵押贷款，但这种金融产品是基于"将未来收入转移到现在，也就是扩大时间"的想法而开发的。这是一个基于"时间将会带来扩张、上升、增长"的20世纪典型观念为提前的想法，然而最终我们得到的结论却是，一个空间无法继续扩大的世界，时间的价值也会变成 0。

21. 起源于古代波斯帝国的宗教。创始人是琐罗亚斯德。教典是《阿维斯塔》。成立年代应该在公元前 1200 年到公元前 7 世纪左右，具体时间不详。该教以光明神（善神）阿胡拉·马兹达为最高主神，作为光明的象征，该教崇拜"火"，因此也被人称为"拜火教"。该教主张二元论，即世界上有光明神和黑暗神阿赫里曼长期对立存在。此外，教义中认为世界末日来临之际救世主会对人做出最后的判决，这样的世界观也对后来的犹太教和基督教等一些神教产生了影响。

22. 经常有人把资本主义和市场经济说成是同一个词，但是这样定义资本主义的话，就会发现这两个词其实是相反的意思。如果市场经济健全运作，市场就会变成一种"完全的市场"，即企业的利益会长期为零。如果资本主义的本质在于"以资本的无限增值为目标"的话，那样的"利益为零的完全市场"就不是大家想要的结果，反不如说建立阻碍市场经济发挥功能的制约条件、阻碍其达到均衡状态才是资本主义的核心。历史学家费尔南·布罗代尔也说过"市场经济和资本主义是完全相反的概念"。

第二章

我们将去向何处

我们生活在一个这样的时代，明明自认为我们有着惊人的能力来实现理想，却不知道我们应该实现什么样的理想。我们支配着万物，却不是自己的支配者。我们在自己的丰裕世界里不知如何是好。到最后，现代的世界虽然拥有前所未有的资产、知识、技术，但却也是一个从未有过的不幸时代。

何塞·奥尔特加·伊·加塞特《大众的反叛》

"从经济性往人性"的转变

到这里为止呢，我用了各种各样的指标，指出我们的社会现在正处于"向高原软着陆"的阶段。那么接下来，我们应该朝着哪个方向走呢？

首先如果用一句话来总结的话，这个答案会是：

将"便利舒适的世界"变成"有生存价值的世界"。

换句话来说就是把"根植于经济的社会"转变为"根植于人性的社会"。为了让我们即将进入的高原社会变成温和、充满友爱与关怀、清新、感性的社会，无论如何都有必要将"经济性"往"人性"上转变。要实现这样的目标，就必须从过去 100 年间压在我们社会上的三座大山中挣脱出来。这三座大山就是：

"为了文明哪怕牺牲大自然也在所不惜"的文明主义；
"为了将来哪怕牺牲现在也在所不惜"的未来主义；
"为了增长哪怕牺牲人性也在所不惜"的增长主义。

理想型的"高原社会"应该是什么模样的

让我们稍微具体一点来拆解一下"高原社会"应该有的模样吧。往往，当人们想要传递某种信息的时候，比起他肯定了什么来说，通过他"否定了什么"会来得更加明确。在这里，为了更明确地传达我的主张，我想在指出"目标前进方向"的同时，加上"非目标方向"一起进行讨论。

目标前进方向	非目标前进方向
大型的北欧式社会	小型的美国式市场原理主义社会
通过创新解决社会课题	通过创新追求经济增长
通过企业活动创造文化的价值	通过企业活动促进大量的消费

通过如上对比展示，我相信您就可以看出笔者所主张的"高原社会"的理想模样和现在社会正在拼尽全力去努力的方向实在是大相径庭了吧。但是，坦率地说，我认为如果以现在的方向来引领社会的话，那等在前方的就只有让人从"高原"坠落到深渊的"悬崖"。掉落"悬崖"之后，只有极少数的一部分人能够成为经济上的赢家，享受美好的生活；而大多数的人都会从事一些无法让人感觉到生存意义或者工作价值的工作，沦为"人工智能的奴隶"。借用奥斯卡·王尔德[1]的话，人们"并不是真正的活着，而仅仅是存活在这个

世上而已"。

所谓科技创新的幻想

首先让我们从基本的误解开始整理吧。

我在第一章当中使用了各种各样的数据，指出了我们当前正在迎来"增长变得无意义"的局面。对于这样的说法常常会有人提出以下两种反驳的观点：

1. 通过创新可以打破经济增长的界限
2. 通过市场营销可以让需求达到饱和的时间往后延长

这是一种明显"不愿意接受终结"的观念，但只要我们还试图在这个方向上给"增长主义"续命，那么我们的社会就会变得越发接近于反乌托邦的社会。

然而，让人遗憾的是，许多人都是在用排除法的思维，认为突破当前的闭塞现状的唯一途径就是在这两个方向上追求经济增长。首先我想表明一点，这两个方向都是"不可能的选择"。

让我们先从以下几个比较容易出现的反驳观点进行剖析吧。

通过创新可以打破经济增长的界限

　　如果要把结论说在前头，我只能说这个反驳根本就是胡说八道。理由非常简单，就连过去 30 年间让我们的生活发生如此巨变的互联网相关的创新都没能打破经济增长的界限。

　　在上一章当中我已经确认过了，互联网开始普及的 20 世纪 90 年代也好，智能手机开始普及的 21 世纪初期也好，或者是人工智能开始普及的 21 世纪 10 年代也好，发达国家的 GDP 增长率都是呈现明确的下降趋势的，压根儿没有要反弹的迹象。就连那么具有冲击力的互联网或者人工智能等的创新都没能让明显下滑的经济增长率反弹回来，那么到底需要怎么样的创新才会有回天之力呢？

　　今天，整个世界都充斥着一种"轻率的氛围"，认为互联网和人工智能等技术正在推动 21 世纪的新经济，但实际上并没有数据表明这是事实。两位诺贝尔经济学奖获得者阿比吉特·班纳吉[2]和埃斯特·迪弗洛[3]最近在他们的著作中写道：

　　　　Facebook 首席执行官马克扎克伯格认为互联网的连接将会带来不可估量的积极影响，似乎很多人都认同这种信念，这也反映在许多报告和论文当中。例如，专门研究非洲等新兴国家的战略咨询公司 Dalberg 发布的一份报告称，"毫无疑问，互联网的巨大力量必将为非洲的经济增长和社会革新做出贡献"。

可能是觉得因为这个事实几乎是不言自明的，没有必要到处搜罗证据来让读者感到厌烦吧，这个报告当中没有引用任何的数据，我们应该说这是明智之举吧。因为那样的数据根本就是不存在的。就发达国家而言，根本没有证据表明因为互联网的出现促进了新的增长的开始。

> 阿比吉特·班纳吉与埃斯特·迪弗洛合著：《好的经济学》（*Good Economics for Hard Times*）

请注意班纳吉和迪弗洛在这里特地强调了"根本不存在"当中"根本"这个词。一般来说学者在强调某种命题的时候也会比较慎重用词，而这里特意强调了"根本"两个字，足以说明这个命题完全不可置疑。

在发达国家中经济增长率最高的美国，是众多技术革新的发源地，因此可能会有很多人将两者简单地联系在一起，认为"技术革新正在牵引着经济增长"，然而正如班纳吉和迪弗洛两人指出的那样，并没有数据支持两者之间的联系。世界银行所发行的 2016 年版《世界发展报告》中含糊其词地指出："互联网对于经济所带来的影响，现在还无法定论。"[4]互联网从开始传播到现在已经过了快四分之一个世纪了，但事到如今还无法下定论，那到底要等到什么时候才能下定论呢？

"社会创新"才更重要

为何如此巨大的创新会对 GDP 没有贡献呢？其中一个可能的原因是，许多这类的创新在本质上来说并没有催生"新的市场"，而只是单纯地在现有的市场内部进行资金转移而已。过去 20 年社会上实施的许多创新，只是把创新引入现有的"盈利市场"，把它变成了"少数人更赚钱的市场"而已。并不一定有助于解决社会上那些"悬而未决的问题"，相反这样的创新反而成了"扩大差距"的社会问题的真正元凶。

好像有很多人认为因为 GAFAM，也就是谷歌（Google）、苹果（Apple）、脸书（Facebook）、亚马逊（Amazon）、微软（Microsoft）等公司创造了巨大的市值，因此幻想着以大数据和深度学习为代表的技术创新将会带动整个社会的经济增长，但是这些所谓的"巨大市值"只不过是从一家公司来看的"局部的增长"而已。正如我们在统计数据当中已经证实的那样，进入 21 世纪以来即使这些企业显示出了异样的存在感，但是整体社会的经济增长率长期处于下滑趋势这一事实并没有得到改变。

很重要的一点是"整个市场的蛋糕没有变大"。这是第二次工业革命与当前数字革命之间的一个很大的区别。我不否认创新可以开辟新的市场。但是，考虑到近 20 年来，即使有那么多看似具有划时代意义的技术创新，经济增长放缓的曲线实际上也没能扭转，那么我们就必须承认它的效果并没有那么显著。

创新会扩大社会差距

实际发生的情况与其说是因为创新而创造了新市场，倒不如说是由于节约劳动力和机械化导致劳动力需求下降，失业率上升，薪酬差距扩大，造成贫困现象蔓延这样的一连串的故事吧。我们用很简单的算术就能弄明白。

假设总体需求为 D，劳动生产率为 P，总劳动力为 L。那么没有失业的平衡状态下应该是：

$$D = LP$$

假设这里出现了创新，它的效果有两个，"总需求的增加率 $= e_1$"，和"劳动生产率的增长率 $= e_2$"。前者的效果比后者的效果更大，也就是，

当 $e_1 > e_2$ 时，这个公式就会变成：

$$D\,(1+e_1) > LP\,(1+e_2)$$

为了让它恢复平衡，就不得不增加"总劳动力 L"。也就是说创新会催生新的劳动需求。

反过来，如果创新的效果当中"劳动生产率的上升"比"总需求的增加"更大的话，也就是，$e_1 < e_2$ 的情况下，上述公式就变成了：

$$D (1+e_1) < PL (1+e_2)$$

因此为了恢复平衡，就不得不减少"总劳动力 L"。

这样说是不是有点抽象不容易理解呢？让我举个近年来的具体例子再说明一下吧。比如，车站的自动售票机或者高速公路上的 ETC 比较好理解了吧。车站安装了自动售票机并不是意味着人们通勤的次数会增加到原来的两倍，同理，高速公路的人工收费站变成 ETC 自动收费也并不表示人们旅行的次数会增加到两倍。也就是说，这些创新即使被投放到社会上，也完全没有增加原有的社会需求……也就是说 GDP 本身并不会增加的意思。

对 GDP 没有贡献的 GAFAM 服务

同样的事情对于刚才提到的 GAFAM 这些大企业的服务也同样适用。比如，Facebook 的营业额几乎全部来自广告。看看他们的财务报告（2020 年第一季度）就知道了，在

177.37 亿美元的总销售额中，广告销售额占到了 174.4 亿美元，可以说几乎所有的销售额都依赖于广告收入[5]。

这意味着什么呢？说明这些企业的销售额仅仅只是抢夺了电视、报纸、杂志和广播等传统媒体公司的销售额而已，至少从 GDP 的角度来看，它可能并没有对扩大社会这块蛋糕起到什么贡献。

看一下实际的数值就更清楚了。举个例子，在几乎完全仰仗于广告收入的 You Tube 或者 Facebook 被引进日本之前[6]，日本广告市场规模的总额为 7.0191 万亿日元。那么这些网络服务爆发式渗透之后的结果，是否进一步激活了广告市场呢？不，并没有，结果正好相反，2018 年同一数值变为 6.53 万亿日元，市场规模缩小了 7%。

这些服务广泛渗透到社会的各个角落，似乎很大程度地改变了我们的生活。那么这又究竟创造出了多大的经济价值呢？从这一点来考虑的话，评价就难免变得有些微妙了。但是作为广告市场来说整体的蛋糕并没有增加，相反还减少了。恐怕即使这些服务根本就不存在，日本的广告市场也会一直以同样的规模保持下去吧。

因创新而导致的失业潮，让社会差距变得更大

对于这个观点可能有人会有这样的批判："作者你说，比如，人与人之间的联络带来的幸福感和丰富性等超出数

字能够衡量的东西在21世纪是很重要的，可是你根本没有把这些好的作用计算进去。"嗯，这个问题比较难以回答，我这里暂时不着急说出我的答案。且说一说假如切断了Facebook等社交媒体的联络，会发生什么样的变化吧。众多的调查和实验的结果表明，切断之后的结果反而是更大范围上有关于幸福感和生活满意度的评价都提高了。这个结果其实就是在告诉我们，登录到这些个社交平台反而会导致人们的幸福感和生活满意度被破坏。

创新既没有给经济增长带来贡献，也没有给提升幸福感和生活满意度做出贡献，然而由于这些创新被投放到社会上造成很多人被解雇。以前那车站里许多的检票员小哥哥或者高速道路上收费站里的老爷爷们现在过得如何呢？

大家都失业了呀。而且大多数情况下，一个人的工作如果越容易被机械化所替代，那么这个人也越难从劳动市场上找到能够获得高薪报酬的工作。每次被创新抢了饭碗就不得不再去找一份条件更差的工作[7]。这样下去社会差距就慢慢地变得越来越大了。

在过去的20来年中，尤其是美国，人们对于为什么不管经济周期如何循环，都挡不住社会差距不断扩大的步伐的讨论一直甚嚣尘上。其中一个原因可以认为是创新导致的失业浪潮加剧了社会差距的扩大。

如果社会如此急切寻求的创新只会导致"财富转移"，其结果也只能带来失业和社会差距的扩大的话，就不由得让人反思，我们拼命努力做的这一切意义在哪里呢？

对于上述这些观点，往往会有人反驳说："你想想以前的卢德运动 [8] 啊！那些因为自动纺织机而失业的工匠们，最终还不是通过从事产业革命催生出来的新工作而变得更加富裕了吗？"但是，正如我前面提到过，产生第一次和第二次产业革命的时代，也是这个世界上还存在着许多的不安、不满和不便的时代。在那样的时代中，失业的人肯定可以再次成为新产业的劳动力。然而如第一章当中指出的那样，我们现在已经到达了文明化的终点，处于高原时代的我们，在生存上已经不会对某种特定的物质层面的东西有什么不满意的了。

因为不同社会阶段的创新所带来的价值会有很大的不同，所以如果将现代社会的创新定位拿去和 200 年前相提并论，说实话我觉得这是有点牵强的。

位于"经济合理性"外侧的问题仍然存在

明明现实社会中仍然残留着许多亟待解决的课题，为什么创新却停滞不前了呢？毋庸置疑，创新是通过解决社会面临的问题来实现的。也就是说，只要社会上还有问题没解决，那么对于创新的需求就应该是无止境的才对。这里要浮出水面的一个关键词是"经济合理性"。

所谓的创新，其实就是一个解题游戏。需要在"经济合理性"和"技术合理性"这两个制约条件当中去找到问题并给出化解方案。我们的社会从数百年前就开始一直在玩这个游戏，所以我们不得不承认，时间过得越久，要在同时满足这两个合理性的条件下找出化解问题的答案就会变得越难。在这里我们先来看一下"经济合理性的界限"是如何确定的吧。

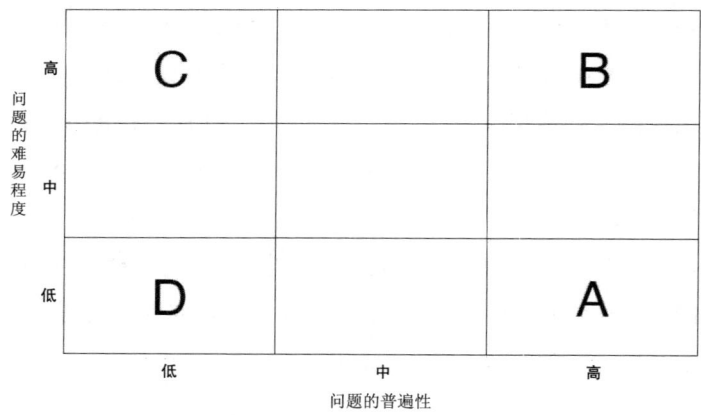

图 12 "问题的普遍性"与"问题的难易程度"矩阵图（其 1）

请大家看一下图 12。这是将社会上存在的问题按照问题的"普遍性"和"难易程度"进行矩阵排列整理出来的一张图。请尝试着想象一下把世界上存在的所有问题都丢进这个矩阵图来整理看看。横轴的普遍性是指"存在这个问题的人的数量"。也就是说"普遍性高的问题"就等于"多数人苦恼着的问题"，"普遍性低的问题"则表示"只有极少数的人感到苦恼的问题"。

另外，纵轴的难易程度是指"解决这个问题所必要的资源的量"。"难易程度高的问题"就意味着"解决这个问题需要很多人力、物力和财力"，而"难易程度低的问题"则表示"解决这个问题只要花很少的人力、物力和财力就行"。

那么问题来了，如果把商业的本质任务看作是"解决社会上的问题"的话，请问大家觉得这个任务会在上述矩阵当中的哪个位置呢？

没错，一般来说，如果从经济合理性的角度来考虑的话应该都会选择 A 这个区域吧。因为可想而知这个领域的收益率是最高的。

一方面，"问题的普遍性高"，就意味着有同样问题的人相对来说有很多，也就是"市场很大"的意思。而另一方面"问题的难易程度低"就说明解决这个问题所耗费的劳力相对来说比较少，也就是"投资很少"的意思。就像"水往低处流"一样，资金通常是往收益率高的地方聚拢的。因此在 A 区域辛苦努力的人比其他的区域要更容易获得资本回报。在以往那些资本比较稀少的时代，这个差别会起到决定性的作用。

然而在利率几乎变成零的当下，资本已经陷入了供过于求的状况，可以说现在是一个投资机会的瓶颈期，这样的状态在历史上是绝无仅有的。在形成"长期的近代"的这2500 年间，资本始终是稀缺之物。

为何企业变得更加巨大化

话说回来，如果许多人都在 A 区域努力奋斗，那么这个区域的问题就会慢慢被解决掉。如先前所述，问题一旦解决掉这个商业游戏也就结束了，所以人们总得做点什么吧。那人们是怎么做的呢？基本上都是通过"地域扩张"来"拉长"问题的解决时间。那效果到底怎么样呢？您别说还真的是非常好呢。

这种"地域扩张"的方式在解决 A 区域内的问题时是非常好用的一个办法。因为毕竟"问题的普遍性"就等同于"任何人都会遇到同样的问题"的意思，所以一个在美国做生意的人跑到亚洲去进行拓展版图，或者是在亚洲做生意的人跑到欧洲开拓市场，这样是能够顺利地被新的市场所接受的。

真正实施这一策略并且让经济得到爆发式发展的国家正是日本。日本昭和时代 [9] 后期主要出口商品是汽车和家电，这两种都是帮助人们解决"问题的普遍性"的东西。"想要不被雨淋能快捷舒适地出行""想要让食物不会腐坏能够安心存放""不管严寒还是酷暑都希望能过得舒适惬意"……这些欲望或者诉求是全世界普遍都存在的。正是因为致力于解决这一类的"普遍性问题"，日本的海外生意才会做得那么好。

再多说一句就是，解决这个区域的问题的关键在于经商时的企业规模。所谓的"问题的普遍性"就是说不管国家是在东方还是在西方，也不论男女老少或者贫富差距如何，这些是每个人都会遇到的问题。这类问题的解决方案就需要有一个要求，那就是"能够让任何人都接受"。

由于商品的生产具有很强的规模优势，所以比起将市场细致划分之后逐一应对，不如开发出一个解决方案，用最大公约数的方式来解决这种普遍性的问题，这样在竞争战略方面也是理性的。汽车行业当中最早采用这种战略的是 T 形福特，日本的大部分家电产业也是通过贯彻上述战略进军全球市场的。

今天的社会上存在着为数众多的"员工超过数十万人"的庞大的企业。这样的企业在历史上最早出现于 19 世纪后半期。据说历史上最早拥有一万名以上员工的企业是在 1870 年创业的标准石油（Standard Oil）公司，也称为美孚石油[10]。这也就是说，在那之前历史上从来不存在"数万人的企业"。企业史学家艾尔弗雷德·D. 钱德勒在他的《看得见的手》一书中也写道："进入 19 世纪 80 年代之后，大公司的数量急剧增加。"

为什么到了 19 世纪末期的时候会出现"大型企业"并不断增加？相信根据上述的说明已经可以看明白了。因为如果想以低成本来处理地理上和人口分布上普遍存在的问题，那么企业规模就一定会是一个重要的竞争因素。而运营一个地理分布广泛的组织既需要一个庞大的、由文件和权威规定构成的官僚体系，也需要一个能够将降低成本的强大压力从上游贯穿到下游的价值链。

正如经济学家罗纳德·哈里·科斯[11]所指出的那样，试图跨越企业组织的边界构建这些体系将导致"交易成本""搜索成本"和"管理成本"的累积，从而导致效率非常低下，这是阻碍实施"以任何人都能买得起的价格提供商品"这一战略方针的重要因素。

在当今的资本主义社会当中，这样的"大企业"都变成了明星球员。然而，如果社会诉求从"普遍性高的问题"转变到"普遍性低的问题"，且"问题的本质"从"解决物质层面的不足"变成"消除精神层面的饥渴"的话，那么恐怕就会像过去的恐龙那样，大多数的企业跟这个社会环境不再能够和谐共处，除了极少数的一部分之外，大多数都会不再被这个世界所需要了吧。

而另一方面，完全与这个趋势相反的是，能够对应和处理普遍性比较低的个别问题以获得充分回报的小规模集团或者组织，或者是能够满足多样化精神层面的价值需求的个人或集团，今后应该是会越来越受到追捧吧。

触及市场原理的界限

不过话说回来，像这样通过地域扩张的方式来扩大 A 区域的市场，总有一天也是会到极限的。请看图 13。

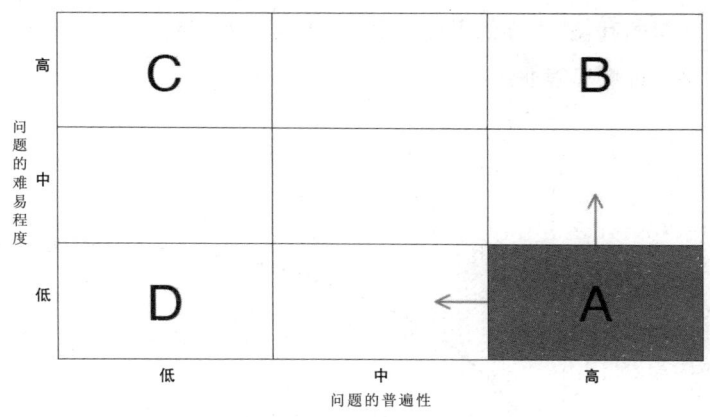

图 13 "问题的普遍性"与"问题的难易程度"矩阵图（其 2）

　　如前文所述，所谓的全球也就只是一个"封闭的球体"，总有一天会迎来地域扩张的极限。当 A 区域的问题几乎都得到了解决的时候，就有必要去处理别的问题了。这时，核心区域会移动到"难易程度高"的区域，也就是 B 这一块上去呢？还是会到"普遍性比较低的问题"，也就是 D 这一块呢？不同的企业会有不一样的选择。

　　不过，一般的选择逻辑会是这样，大型的企业，由于具备投资余力，必然会选择追求更大的市场，也就是往 B 的方向移动，而规模不怎么大的企业由于缺乏投资余力，且暂时还不需要那么大的市场，因此主要会选择 D 区域进行发展。

　　像这样不断进行"探索问题及寻找解决方案"的循环，

最后会达到一个"解决问题所需的费用"与"通过解决问题获得的利益"之间的平衡界限,如图14这样最终形成一条"经济合理性界限曲线"。

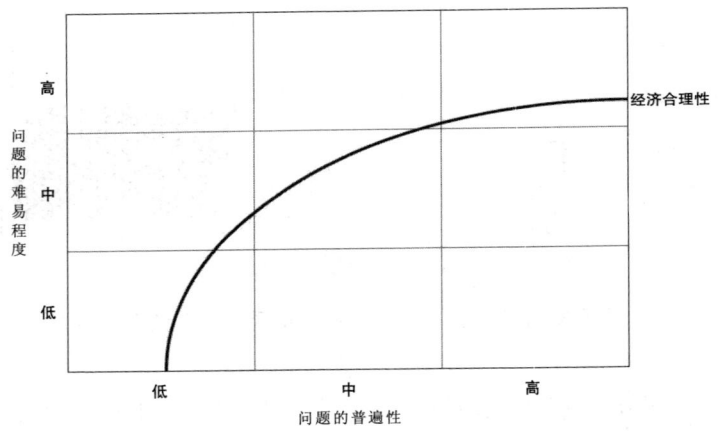

图14 经济合理性界限曲线

　　这条曲线往上面会触及"解决问题的难度太高,因此无法回收投资成本"的极限,往左边则会触及"通过解决问题可以获得的回报太小,因此无法回收投资成本"的极限。

　　也就是说,这条曲线的含义是,只要是在这条曲线内侧的问题,市场就会帮我们解决,但是位于这条曲线外侧的问题就属于原理上还没有人着手去处理。资本主义可以解决的"问题的大陆"就以这条曲线作为边境线的,那些在曲线外侧的问题一直就被当作是"不可能解决的问题"而长期处于放任不管的状态。

市场只能解决"经济合理性界限曲线"内侧的问题

尽管以米尔顿·弗里德曼[12]为代表的市场原理主义者认为，即使政府不做任何多余的事情，放手给市场去处理，任何问题也都能得到解决。但那也就仅限于经济合理性界限曲线内测的社会问题而已，对于曲线外侧的课题并不能从原理上加以解决。为什么这么断定呢？因为市场是无利不往的，即"只要有利可图，什么都可以做，但是只要无利可图，就什么都不会做"。

诚然，如弗里德曼所指出的那样，对于那些"市场能够解决的问题"，市场才是最有效率解决问题的方式。事实上在"长期近代"的过程中，我们社会上遇到的"普遍性高的问题"也确实几乎都是由于市场的作用才得以解决的。

然而如方才所述，如果继续这样下去，总会在某一个时间点走到"经济合理性界限曲线"的悬崖峭壁面前，那么"问题的探索空间"就会从此终结，而在悬崖峭壁的另一边的"普遍性低的问题"或者"难易程度高的问题"就会无人着手而一直被放任不管。这就是市场主义原理的极限所在。

稀少的问题是否有解

抽象的东西可能会让人难以理解，那么我们举些具体的例子看看吧。

笔者在第一章当中曾经指出，"为了安全舒适地生活而需要构建物质基础这一任务已经基本结束了"。这里我特地用了"基本"这样的副词，因为还有一些"被落下的人"存在的。

根据日本国立社会保障及人口问题研究所在 2017 年进行的调查显示，"（日本）过去一年中曾经有过穷困体验，因经济上的理由无法购买食物"这样的家庭占到了13.6%[13]。一日三餐可以说是人类最基本最应该优先保障的"物质基础"了，然而却还是有人连这样的需求都因经济原因无法得到满足。一想到他们生活得有多艰难，我就真的感觉到非常心痛。

另外"儿童的贫困"问题也是如此。您知道吗？现在，日本的儿童贫困率在经济合作与发展组织成员国当中也是最糟糕的，而且有进一步明确的恶化趋势。日本儿童的相对贫困率从 1985 年的 10.9% 持续恶化到 2015 年的 13.9%。在日本这样的问题持续恶化，而且许多人对这一事实都漠不关心，实在是让日本人觉得羞耻的事情。

此外，对于"罕见疾病"的问题也可以当作是"在经济合理性界限曲线外侧的问题"来考虑。"罕见疾病"就是"患病的人比较稀少的疾病"。在日本，具体来说其定义为患病人数"不足 5 万人"。癌症患者每年都会有大约 100 万人，因此罕见疾病的患者人数是癌症患者的二十分之一都不到。一个有着 1 亿人口的国家患病人数不到 5 万人，这个患病率从数字上来看就是低于 0.05%。从之前的那个矩阵图来看就归属于"普遍性较低的问题"这一区域。也就是说，如果致力于解决这样的问题的话，很可能无法得到能让股东感觉高兴的巨大销售额或者利润空间。

然而另一方面，疑难杂症的治疗方法和特效药的开发，常常属于"难度极高的问题"，因此不仅投资金额巨大，而且究竟能否研发成功也都是未知数。这样做就等于是去做一件"明明预期销售额很低，但是还是需要巨大的资金投入且不确定性很高"的事情。

如果以现在的日本社会体系为前提，那么这种行为是很难获得大笔预算的。因为股东资本非常讨厌不确定性。其结果是，这种问题被放置在"经济合理性界限曲线的外侧"，生活在资本主义社会中的人们就站在"经济合理性的大陆的悬崖边上"，他们只能远眺海上漂浮着的巨大的"问题之岛"，什么都做不了。

但是，重大疾病往往会对当事人及其家庭带来切实的问题，产生足以左右人生的巨大影响。将这些归类于"普遍性低""难度高"的问题然后置之不理，从社会伦理道德层面是不被允许的。因为每个人的生命都有不容忽视的尊严，无论是多么罕见、多么难以治疗的疾病，社会对他们置之不理这件事本身就是不可原谅的。

那要怎么办呢？即使放任市场原理去解决，但由于这些属于"经济合理性界限曲线"外侧的问题，市场根本解决不了。

"人类的条件"指什么

正如我们在本书开头所看到的，我们的文明社会确实利用市场原理和科技的力量成功地解决了许多问题。然而，从另一个侧面来看，现今社会上残留的深刻问题当中的大多数，都是横亘在"经济合理性界限曲线"另一侧、以当前的社会体系为前提无法解决的问题。

科技创新正是为了让"经济合理性界限曲线"往外侧去扩展的一种努力。然而时至今日，特别是那些位于第84页的图12、第89页的图13的矩阵图当中的D区域的问题，仅仅依靠经济合理性无法解决的问题仍然残留着。但是，只用一句"所以没办法"的话来敷衍过去的行为是不被我们容许的。当那些切实的问题得不到解决的时候，日本人千万不能忘记，要对此负责的不是施政者，而是日本人自己。

法国文学家兼飞行员安托万·德·圣－埃克苏佩里在他的著作《人类的大地》中有如下阐述：

生而为人，就是要承担责任。意思是要有对那些看似与自己无关的悲惨感到羞耻的能力。要为同伴取得的胜利感到自豪。要身处自己的一方天地，同时为这个世界的建设做出贡献。

安托万·德·圣 – 埃克苏佩里《人类的大地》

圣 – 埃克苏佩里把"人类的条件"定义为"要有对那些看似与自己无关的悲惨感到羞耻的能力"。如果我们以"经济合理性"为理由，对社会上残留的贫富差距或者贫困抑或是虐待等"悲惨"放任不管，那么就相当于说我们的"人性"不复存在了。回想当今日本社会所面临的悲惨状况，这样的指责实在是令人如坐针毡。

激励作用的源泉是"根植于人性深处的冲动"

到这里为止的分析，可以让我们得出以下结论。

结论是，位于"经济合理性界限曲线"外侧的问题，如果依靠市场原理来解决那么永远不会得到解决。日本社会是资本主义社会，人们普遍认为金钱的报酬才是激励的源泉。于是那些"经济合理性界限曲线"外侧的问题没法通过金钱的报酬来给人足够的动机去解决也就合情合理了。这其实告诉我们什么呢，就是世界上残留的这些"罕见且难以解决的问题"，只有通过跟经济合理性不一样的其他的激励方式才有可能解决。关于这一点后面会专门进行详细探讨，这里我想说的是，我认为能够起到那样的激励作用的，只能是"根植于人性深处的冲动"。

"冲动"就是一种"非那样做不可"的强烈情绪。有些问题一旦用得失计算来考虑就会让人觉得"干不下去了"，想要解决这样的问题就必须要有超出了"经济合理性"的"冲动"才行。现在的世界上很多根深蒂固的问题，只能通过那些有"冲动"的人自我驱动地去加以解决。

可能有的日本人会想："啥？你是说需要依靠什么'冲动'来解决问题？"其实如果非要我说的话，我认为这个"冲动"才是促进近代资本主义启航的引擎。这一点我们每个人都有必要重新好好回想一下。凯恩斯曾经就把 19 世纪末至 20 世纪初出现的驱动资本主义的精神命名为"人类的原始冲动，即动物精神"。

除了因投机造成的不稳定，还存在着基于人性的不稳定。也就是说我们大部分的积极活动，或是出于道德、或是出于愉悦，抑或是出于经济上的考虑，总之它不是根据数字上的期待值来存在的，而是被内心自然涌现的乐观情绪所左右的。

即使等个几天不会出结果也愿意积极去做，能够下定这样的决心来做一件事情，恐怕这里面大部分的驱动力量不是来自可量化的利益所得乘以可量化的概率得到的加权平均值，而是来源于人的血性（动物精神），或者说是比起什么都不做来说更想要去做点什么的人类的原始冲动。

凯恩斯《就业、利息和货币通论》

凯恩斯在这里提到的"可量化的利益所得乘以可量化的概率得到的加权平均值"，正是由于看透了"经济合理性的边界"而算出来的结果，凯恩斯通过这样的阐述想要阐明的观点是，经济活动并不是通过经济合理性来驱动的。

反过来看，现如今的企业里探讨新业务的过程中正是把"可量化的利益所得乘以可量化的概率得到的加权平均值"细致入微地进行深入探讨，这样一想也就明白为什么从来不会发生解决那些处于"经济合理性界限曲线"外侧的问题的"事件"了。

关于"资本主义迟早有一天会走向灭亡"的预测

提出同样观点的是被人称为"创新理论鼻祖"的经济学家约瑟夫·熊彼特。1936 年 1 月，熊彼特在美国农业部以极具挑衅性的题目《资本主义能否继续生存？》发表了演讲，一开始他就明确表达了自己的想法，说道："女士们先生们，这个答案是否定的。"熊彼特认为创新将推动经济发展，并提倡了许多至今仍然脍炙人口的概念，例如，"新组合"，他主张"资本主义最终会走向灭亡"。

熊彼特为什么会认为"资本主义终将走向灭亡"呢？熊彼特本人引用了一个"狄奥尼索斯的企业家精神的衰落"来解释。狄奥尼索斯是象征着"创造与陶醉"的古希腊神话当中的"酒神"。这样的隐喻其实是有出处的，很可能是熊彼特看过尼采的《悲剧的诞生》，当中用到了"阿波罗精神"和"狄奥尼索斯精神"进行对比，于是想到了使用这样的词语。

尼采在他的著作当中把"阿波罗精神"比作是"遵守规则与秩序的志向"，而"狄奥尼索斯精神"则象征着"对于令人陶醉的创造性行为的冲动"。也就是说，熊彼特也跟凯恩斯一样，预言"如果我们仅仅依靠'符合合理秩序的计算'一心只追求'赚钱'的话，那么我们将会失去扎根在人性深处的冲动，因此资本主义将会走向灭亡"。

以"资本的无限增值"为目标的资本主义，将会因为从"基于人性深处的冲动"转变为"追求合理的赚钱机会的志向"而毁灭，怎么听都觉得好讽刺，但是两位经济学家的预言，对于今天的我们来说仍然包含了值得倾听和应该警醒的重要信息。

向社会导入"赠予系统"的必要性

接下来第二个结论就是，为了不断实现这种"冲动"主导的经济活动，必须在社会中引入"赠予系统"。位于"经济合理性界限曲线"外侧的问题，就意味着只要还依赖现有的货币经济系统、即"负责解决问题的人"与"希望问题得到解决的人"之间是个封闭式的货币交换关系，这些问题就永远无法得到解决。因此，这里必须引入一个"由第三方赠予"的系统。

"赠予"这个词在日本平时不是很常用，更具体一点来说的话，就是对于普通人而言的"捐赠""支援""志愿者"之类的活动，作为政策来说则是属于以基本收入（为保证国民可以过上有文化的、健康的生活而对所有国民支付必要的现金的机制）为代表的经济安全网的一环。

可能有人会觉得把基本收入说成是"赠予"感觉有些别扭。但是如果把赠予定义为"不期待任何回报，只是单纯赠送给对方"的话，而这个基本收入的特征正好就是"不带任何条件，单纯发放给百姓"，所以这不就是赠予吗?

但是，如果要说"赠予能够实现位于经济合理性界限曲线外侧的创新"，可能就有点难以想象了。还是举个例子来说吧。作为"无偿赠予"结出硕果的案例之一就是 Linux 的开发项目。现在，在超级计算机或者智能手机的操作系统中占据比较高的份额的 Linux，原本是赫尔辛基大学的学生林纳斯·托瓦兹[14] 想要自己开发出与 UNIX 具有兼容性功能的操作系统时想出来的一个程序。

后来的剧情开展就非常完美地体现出北欧人的情怀了。

托瓦兹宣布放弃对 Linux 的知识产权保护，将正在开发中的程序完全公开，并表示"任何人都可以随意更改"。其结果是，全世界总计几万人次的程序员免费协助这个项目，将 Linux 变成了一个完成度很高的操作系统，让人惊讶的是这个"无偿的劳动力"竟然如此巨大。

2007 年发布的 Linux 版本 4 当中，包括了 2.83 亿行的源代码。如果要以通常的做法来开发出与此相同的程序，据说需要耗费 3.6 万人／月的工时，按照金额来算的话大约需要花费 80 亿美元。如果将这样的开发从一开始的阶段就放在"经济合理性曲线内侧"来进行的话，几乎是不可能开发出来的吧。也就是说，Linux 的成功，完全是依赖于巨大的"知识的赠予""能力的赠予"和"时间的赠予"。

获得精神上的高度回报

满脑子都被资本主义和市场原则的教条约束的日本人，在面对着需要投资 80 亿美元才能解决的问题时，理所当然地会认为解决问题的责任在大企业或者政府身上，然后也会认为这样做的话，将来预计会有与这个投资相匹配的收益或者效果。

然而，这个 Linux 的开发项目却告诉我们一个事实，只要能够引起大家的共鸣与冲动，通过调动劳动市场，也能从社会上汲取 80 亿美元的、能够解决巨大的问题和进行智慧创造的资源。

这个 Linux 的开发故事还告诉大家一个道理，那就是在物质层面满意度已经达到很高水准的高原社会，通过劳动来发挥自己的知识、技能和创造性所带来的"愉悦感"也可能成为最重要的报酬。

参与 Linux 的开发的人基本都是在 IBM 或者英特尔等企业中工作繁忙的专业人员。他们这些人为什么要免费将自己的知识、技能和时间"赠予"出来呢？理由很简单——"因为快乐"。这也就是说，参与 Linux 开发的人们虽然在经济上的回报是"无偿"的，但是实际上从"劳动本身"获得了高度的精神回报。如果用本书开篇时提过的语言来描述的话，就可以说成是：对于参与 Linux 开发的人们来说，这样的工作不是"为了获得经济上的回报而别无选择要做的工作，即工具性的工作"，而是"活动本身就是回报，能让自己感到充实和快乐的活动，即自我满足式的工作"吧。

活动是一种能产生愉悦感的行为

汉娜·阿伦特在她的《人的条件》一书中将一般人口中说的"工作"分为三种类型，分别是"为了获得生存所需的食物和日用品的劳动""为创造舒适生活的基础设施的工作"和"参与建设和运营健全社会的活动"。但正如我们在第一章中已经确认的那样，我们的社会正在从"劳动"和"工作"

中逐渐解脱出来。在这个高原社会，应该说留给我们的任务只剩下最后这个"活动"了。而且这个活动并不是"尽可能想要逃避的辛苦的劳役"，而更应该倾向于是接近运动或娱乐活动这样，活动本身会成为很大的乐趣。

反过来看的话就是，在高原社会里，能够充分发挥知识、技能和创造性的活动，会像一种商品一样在劳动市场上流通。"快乐的工作"会变成一种商品"能够被买到"。这应该会成为人类历史上的转折点。

100多年前就有个思想家做出了准得可怕的预言，认为资本主义走到尽头时，这样一个"劳动成为一种愉悦且可被回收的社会"终究会到来。这个人就是卡尔·马克思。马克思曾预言，通过资本主义让文明化达到一定水准之后，社会上的劳动就不再是一种苦役，而是为了充分发挥每一个人在这个社会上存在的价值而进行的一种表现活动。

　　资本作为孜孜不倦地追求财富的一般形式的欲望，驱使劳动超过自己自然需要的界限，来为发展丰富的个性创造出物质要素，这种个性无论在生产上还是在消费上都是全面的，因而个性的劳动也不再表现为劳动，而表现为活动本身的充分发展，在那种情况下，直接形式的自然必然性消失了，这是因为一种历史的需要替代了自然的需要。

　　　摘自马克思和恩格斯的《马克思恩格斯全集》

因为马克思论述过"劳动中人性的疏离"，可能会给人一种马克思对劳动持否定态度的印象，但这是个误解。马克思认为，劳动本来就有着比"为了生存而工作"更加丰富的意义，是人类本质上的行为。上面的这段摘要带着典型的马克思风格，十分严谨，这里马克思所说的"活动"，并不是说由资本驱动的被强迫去做的"劳动"，而是说活动本身能给人带来愉悦感的一种行为。

　　马克思所主张的针对"资本主义之后的世界"的洞察，给了今天的我们许多不同的视角。

　　由于文明化进程生产力得到充分发展，其必然结果是导致资本几乎不会再产生利润，在这样的社会当中，劳动的必要性或者必然性就消失了，拥有丰富多样的个性的人就可以根据自由意志进行劳动，这样就会创造出一个理想型的社会。这就是马克思所描绘的"资本主义之后"的世界。

　　想要促进这样的"活动"，关键在于需要有类似于全民基本收入这样的经济安全网的保障。Linux 的开发过程中为什么可以有这么多的仁人志士免费参与其中？答案很简单，因为他们是 IBM、惠普、SGI、英特尔等知名企业的全职员工，从各自的公司可以获得充足且稳定的经济来源。正因为他们有了这样经济稳定性，才能够让他们把自己的知识、技能和时间投入这场"游戏"当中。

是时候将社会愿景往北欧模式的方向大幅度调整了

现在的日本社会上残留的是"经济合理性界限曲线"外侧的问题。我之前曾指出解决这一类问题需要超出经济合理性的激励措施，但是既然这些问题是在"经济合理性界限曲线"外侧的问题，那么想要处理这些问题的个人或者组织就必然会背负巨大的不确定性以及风险。尽管这是基于"冲动"来尝试解决问题的，但是万一结局不尽如人意，失败的人陆续出现，他们的经济不断被拖垮，那么慢慢地就没有人会去做那些被"冲动"驱使的活动了吧。如果想要让那些尝试解决"经济合理性界限曲线"外侧问题的个人持续被"非这么做不可"的"冲动"所驱使，那么就需要构建一个不需要担心经济被拖垮的社会安全网络。

像这样仔仔细细地思考下来，就不得不推导出一个结论。那就是，想要解决在接下来的高原社会中残留的"稀少且重大的问题"，就不得不将过去我们依据的新自由主义、市场万能主义的航向掉转为更偏向于北欧模式的方向上去了。

如方才所述，在一个社会上还残留着许多物质层面问题的时代，市场原理以极高的效率为解决那些问题做出了巨大的贡献。但是现如今日本社会上残留的大多数问题，已经无法单纯依靠经济合理性来解决了。

当我们认为无论如何都有必要完善社会基础设施，以便确保那些能够轻松跨越经济合理性障碍的人才不会遭受不合理的经济损失时，我认为是时候让我们将社会的愿景以美国为象征的新自由主义和市场万能主义，大幅度切换到北欧模式的方向上去了。

人为地制造问题的体系即市场营销

> 而且，增长的社会在更深层次上来看会与富裕的社会是正好相反的。在生产财富的社会之前，这个社会是一个生产特权的社会。而特权与贫困之间存在着社会学上可以规定的必然函数关系。不管在什么样的社会都不存在不伴随贫困的特权。两者之间构造上就是连接在一起的。因此，尽管看似是反面论调，但是增长这一词从社会理论上来看，实际上是由构造上的"贫困再生产"而定义出来的。

> 让·鲍德里亚《消费社会》

到这里为止是我针对第一章中叙述的"增长的界限"的第一个反驳观点，即"通过创新可以打破增长的界限"这个主张进行的一些考察。那么接下来我们一起来看一看第二个反驳观点吧：

通过市场营销可以让需求达到饱和的时间往后延长

物质需求的不满被消除了，对整个人类来说是可喜可贺的事情，但是也会引起让小部分人困扰的问题。如前文所述，商业通常是依靠"发现问题"和"解决问题"的组合来成立的，因此如果"问题"没有了，那么通过解决"问题"而赖以为生的人就将要失业了。

事情一旦变成这样，那么自然就会有人想出一个主意："人为地制造出一些问题来不就可以了吗？"只要对那些已经满足的人们不断进行引导："您是不是还没有这个呀？"让人产生渴望和匮乏之感，那么就能够通过产生新的问题来将"游戏结束"的时间点往后延长了。这就是市场营销的本质。

经营思想家彼得·德鲁克曾断言，企业的目的只有一个，那就是"顾客的创造"，而这项活动是由"市场营销"和"创新"两个方面来支撑的。虽然这两个词耳熟能详，但是从上述的"发现问题"和"解决问题"的框架来思考的话，实际上我们说的是一样的东西。也就是说，"发现问题"就是市场营销，"解决问题"就是创新。

市场营销这个词本身最早出现在 20 世纪初。但是作为与今天我们所使用的概念相同的概念固定下来是在 20 世纪 60 至 70 年代。至今仍被当作商业学校的市场营销科目的固定教科书来使用的菲利普·科特勒的《市场营销管理》，其初版就是 1967 年在美国出版的。

对于 1967 年这个数字，不由得让我感受到这是一个不可思议的符号。如果说即使放任不管，那些"希望得到解决的问题"也会从社会上接二连三地抛过来，那么就没有必要进行市场营销了。市场营销作为体系性的技能被这个社会所需要，这件事本身就证明了如果经营者不自己开发出一些问题来的话，这个社会就不会产生新的需求。

本书的第一章当中用了各种各样的指标说明了我们的世界正在"朝着高原软着陆"的阶段迈进。请大家回忆一下，18 世纪以来，持续了 200 多年的经济和人口增长率曲线，首次出现上升幅度放缓的时间也正是在 20 世纪 60 年代后半期。

如果考虑到正是在这个时期商业的历史作用开启了"终结的序章"的话，那么在同一时期，市场营销这一"人为地催生社会的欲望和渴求的技术体系"，作为所谓的"商业的续命措施"得到产业社会的强烈认可、拥有这种技能的人才在劳动市场上得到很高的评价，也就合情合理了吧。

是道德还是经济的景气

那么具体来说，要怎样做才能将"需求的饱和"往后拖延呢？在这里让我们看一下在 20 世纪 70 年代广告代理店电通为了确立营销策略而作的"战略十训"吧。具体内容如下：

1. 劝人多用一些
2. 劝人扔掉一些
3. 劝人浪费一些
4. 劝人忘记季节
5. 劝人给别人送礼
6. 劝人组合购物
7. 给人购买的理由
8. 让人觉得没有跟上流行的脚步
9. 劝人买个痛快
10. 制造点混乱

……确实，如果上述这些都能做到，那么就可以将"需求的饱和"往后推延。

然后每一个看到这个列表的人，恐怕都会对其内容感到强烈的违和感，或者更直接点来说是不愉快吧。在全球都在探讨资源、环境、垃圾、污染等问题的这一代人看来，抱着这样的意图来诱导消费者产生购买需求可能是太不符合主流价值观了。

我完全没有想要为他们辩解的意思，但是在这里还是想就上面这个列表的内容给大家提醒两点。第一，这个列表创建于 20 世纪 70 年代，那时的人们对于环境和自然的认知与今天的我们有着很大的不同。

请你们回想一下当时很多日本工厂将含有剧毒的废水排放到河流和大海，导致河流中散发出瘴气般臭味的时代。水俣病的罪魁祸首——新日本氮肥水俣工厂，它停止向水俣湾排放含有有机水银的工厂废水也正是在1969年。

我们必须留意一点，在现在看来是令人难以置信的愚蠢行为，对于当时的人们来说，他们的感觉和现在的我们是有很大的不同的[15]。

关于"自欺欺人"的界限

即使用现代的观念来看，也很难找到一个完全不采用"战略十训"中的战略意图来进行新商品的开发和引进工作的企业吧。大家可以想一想您自己所在的公司。应该没有一个人可以有自信断言您的公司完全没有上述这些意图吧。

如果将意图明确地用语言表达出来会让人感到不快，但是如果被问到自己是不是真的没有这样的意图，又没办法自信地加以否定。于是平时就算看到也装成看不到，自己一边在实施这样的行为，一边又努力遏制这样的意图在自己的意识里不断攀升……很多人就是这样，设法保持自己的精神平衡，埋头于每天的工作当中。这样的行为就叫作"自欺欺人"。

为了安全舒适的生活的物质需求是一定会饱和的。正如本书前半部分当中介绍过的松下幸之助老先生所说的那样，如果说商业的使命是"通过提供丰裕的物质条件来彻底消除社会上的贫困"的话，那么饱和就应该是用来庆祝我们达成了那样的使命的状态。然而，我们的社会还无法接受这样的现实。非但没有为使命达成感到喜悦，还在使命即将达成的前夕故意制造"混乱"，企图将达成的时间不断往后拖延，这就是当今的社会现状，这一点通过阅读"战略十训"就一目了然了。

虽然我讨厌说这种话，但是确实大规模的灾害或者战争过后GDP会大幅增加。因为一旦发生巨大的破坏，为了弥补这个破坏就必然会促进大规模的生产。也就是说，经济增长的一个前提是要有"破坏"的这种行为存在，但是并不能因此就为了经济增长而挑起战争或者祈求出现灾害。为什么？因为任何人都清楚地知道那样做太不人道了。因此我们要把"破坏"一词用一个无关痛痒的"其他的词"来代替，通过它来促进经济更加具有活力，把它当作具有相同作用的"赝品"来实施。这个"其他的词"就是"消费"。所谓的消费就是"丢弃之后报废"的意思，与"破坏"实际上是一个意思。然后如果说市场营销就是一个促进"被叫作消费的破坏"的知识和技术体系的话，那么我觉得大家就可以理解，这个活动是一个有可能引发严重的问题的"位于伦理道德边缘的活动"。

这里又产生了"撕扯"的状况。我在第一章曾提过，我们的社会被近代以来一直持续的"追求无限上升的压力"和由于有限性而增强的"寻求着陆的引力"所撕扯。而资源、环境、垃圾、污染等问题就是构成"引力"的主要原因。我们中的大部分人都是一边切实感受到这种"引力"，一边又由于惯性觉得"停不下来、停不下来"而盲目服从，就这样一边被虚无感所折磨一边继续从事着每天的经济活动。

这种"自欺欺人"已经受到了诸多指控。例如，针对设计在社会上承担的角色与责任提出过积极建议的奥地利设计师维克多·帕帕奈克[16]在著作《为真实的世界设计》中指出了以下几点。

> 有些职业的确比工业设计更加有害无益，但是这样的职业不多。也许只有一种职业比工业设计更虚伪，那就是广告设计，它劝说那些根本就不需要其商品的人去购买，花掉他们还没有得到的钱；同时，广告的存在也是为了给那些原本并不在意其商品的人留下印象，因而，广告可能是现存的最虚伪的行业了。工业设计紧随其后，与广告人天花乱坠的叫卖同流合污。
>
> 维克多·帕帕奈克《为真实的世界设计》

这段话的确措辞辛辣，但是如果您觉得这是作者对于广告和市场营销的工作人员的一种批判，那就误会了帕帕奈克的本意了。正如德鲁克指出的那样，只要企业活动的本质在于"市场营销"，那么就没有一个商人能够摆脱帕帕奈克所说的"原罪"。

如果想要给即将饱和的需求"续命"，那么就不可避免地要踏入道德上的灰色地带。这一点很早就被经济学家发现了。比如，凯恩斯的好朋友、剑桥大学经济学教授丹尼斯·霍尔姆·罗伯逊[17]，在 1930 年 4 月由英国政府设立的"麦克米伦委员会"上指出当时不断经济衰退的原因在于"需求的饱和"，并阐述了如下解决方法：

> 只能不断地刺激人们产生新的欲望。实际上，孜孜不倦地实践了这种不道德的方法的国家，是一个成功地让经济衰退放缓的国家。
>
> 广井良典《稳定型社会对"富裕"的新构想》

是选择不道德，还是选择推迟经济衰退的脚步？罗伯特森做了艰难的权衡。然而，哪怕是选择后者其结果也不会有所改变。请注意罗伯特森在评论中的措辞，他并没有说"解决"大萧条问题，而是说"推迟"。最终，即使这个游戏的终结被推迟了，但是本质上并没有办法彻底解决。也就是说"最后的命运定是以失败告终"。

想要必需品之外更多的东西

然而，我们也有可能会对这种"不道德"报以一种"那又怎样？"的态度。例如，400 年前威廉·莎士比亚[18]在戏剧《李尔王》的第二幕中描写到，女儿里根告诫李尔王说"您的仆人太多了，很麻烦，够用就可以了"。但是当时李尔王这样争辩道：

> 哼，不要跟我说什么必要不必要的。哪怕是再贫贱的乞丐，不管多穷，身边都会有些多余的东西。人生如果除了自然需要以外，不能再有其他的享受，那和畜类的生活有什么分别？你是一位夫人，你穿着这样华丽的衣服，如果你的目的只是为了保持温暖，那它可不是你的自然需求，因为这种盛装艳饰并不能使你感到温暖。
>
> 威廉·莎士比亚《李尔王》野岛秀胜译本
> （译者注：根据日文版翻译，与主流中文版略有不同）

莎士比亚在"自然需求以外"和"不是你的自然需求"这两句台词当中都用到了"自然"二字，英文原版使用的是"Nature"这个词，当然这里不是说山川草木的大自然，而是指更接近中文当中的"本性""天然""原始"这样的词汇构成的"自然"的概念。也就是说尽管李尔王反对里根的看法，但是也承认奢侈与奢华的东西"从本性、天然、原始的角度来看是没有必要的"。李尔王在这样的认知基础上仍然拥护"过剩""奢侈""奢靡"，认为"如果把人生的需求仅限于只拥有最低限度的必需品就好，那么这样的人生就会显得了无生趣"，相信跟他有思想共鸣的人应该也不在少数吧。

"重新开放 = 奢侈"才能刺激经济

然而到了近代之后，正是"过剩""奢侈"和"奢靡"推动了经济持续上升的"重新开放的主张"却越来越盛行。比如，《李尔王》问世正好 100 年之后，英国讽刺作家伯纳德·曼德维尔于 1705 年出版的《蜜蜂的寓言》成为畅销书，该书主张个人的欲望才是促进社会福利的动力。

据说当时的道德哲学家们读完这本书就大发雷霆，那么它究竟讲述的是什么样的故事呢？

曼德维尔的蜜蜂在一个凶恶而富有的群体中非常繁荣。蜜蜂们过着无比奢靡的生活，即使是最贫穷的蜜蜂也能够通过为富有的蜜蜂服务来捡漏。蜜蜂的社会里充斥着欺骗、艳美、忌妒、虚荣和贪婪等恶习，但是没有一只蜜蜂会吃不上饭。然而有一天，蜜蜂们对于不道德的、混乱的生活感觉到了羞耻，他们听从了道德哲学家的忠告，准备从此品行端正地生活。然后就出现了"意想不到的结果"。曾经富裕的地方贫困开始蔓延，蜜蜂们悉数失业。因为所有的蜜蜂都有借有还，不需要律师，因此律师也失业了。然后每一位蜜蜂都品行端正，就没有人需要忏悔，于是圣职人员也失业了。侍者没有了可以服侍的主人，也跟着失业。没有了小偷，监狱的狱警也不需要了，于是狱警也失业了。成全了个人的道德，损害了整个社会的公共利益。

伯纳德·曼德维尔《蜜蜂的寓言》

作者通过这则寓言想要教化世人，就写在书本的副标题上写"私人恶德即公共利益"。说明曼德维尔已经率先洞察到了"某人的支出是某个人的收入"这一宏观经济学的循环原理。

然后经过 18 世纪的启蒙时代，"奢侈才是经济的驱动力"这一想法更进一步了。例如，代表着"德国历史学派"的经济学家维尔纳·桑巴特[19]在其著作《奢侈与资本主义》中写道，产生并引领资本主义这一经济系统发展的是"奢侈"，而推动这种"奢侈"的是"恋爱"，并展开了一些略为极端的议论。

奢侈促进了近代资本主义的产生。例如，奢侈在将封建财富转移到市民的财富（负债）这件事上发挥了本质作用。

维尔纳·桑巴特《奢侈与资本主义》

桑巴特的论点当中比较有意思的是将"奢侈"一分为二进行考察。比如，"在庄重华丽的圣殿用黄金装饰以供奉神灵"

和"为自己订购丝绸衬衫"，这两个都属于"奢侈"无疑，但是他指出这两者之间"会让人立刻感觉到天差地别"。桑巴特并没有就这种"天差地别"究竟是什么原因造成的进行明确的表述，然而"奢侈分为两类"这个观点实际上包含了很重要的启迪意义，这一点我们稍后再详细讨论吧。

根据桑巴特的观点，"两种奢侈"当中，近代的经济主要是靠"为自己订购丝绸衬衫"这样"后一种奢侈"来驱动的。这一观点的佐证在于"违法的情人、成为恋人的女人"。其中桑巴特举的一个具有代表性的例子是，路易十五的爱妾蓬巴杜夫人和杜巴丽夫人两人，她们在世界史上可以说是"偏离值最大"的超无畏"奢侈实践者"，以这两个人为例证，多少让人感觉论点有些极端。

有一个人就从跟桑巴特略有不同的角度出发，对奢侈进行了考察。他就是几乎与桑巴特活跃在同一时期的美国社会学家索尔斯坦·凡勃伦[20]。凡勃伦在他的著作《有闲阶级论》当中指出，富裕阶层之所以奢侈，是为了一个非常简洁明了的目的——"用经济实力来显示自己比他人优越"。对于这样的观点，姑且不说大家是因为喜欢而去实践，还是因为讨厌而远离和避免，但是我相信对于许多人来说，心里都有联想起某些这样的人吧。

凡勃伦把这种为了"彰显自己比别人优越"的显摆式的消费命名为"炫耀式消费"，指出尤其是进入近代以后，这个社会的身份制度越来越模糊，为了将"优劣、高下"的关系更加可视化地显现出来，这种炫耀式消费就越来越得到重视。凡勃伦的观点当中很有意思的一个是，"炫耀式消费"是具有无限性的。

> 只要有人对财产进行比较和区别对待，人们就会在财富上竞争、无限追求对财力的评价、因自己比竞争对手更富有而感到无上的喜悦。（中略）因为人们的欲望就在于通过财富的积累来超越他人。如不时听到别人主张的那样，如果说促进财富积累的主要原因是生活必需品和肉体上安乐享受的匮乏，那么在生产效率提高过程中的某个时刻，社会上的经济需求就会整体得到满足。然而竞争财富的积累，本质上是为了获得和他人比较的评价，所以可以说是没有终点的。

> 索尔斯坦·凡勃伦《有闲阶级论》

虽然凡勃伦将这本书的标题定为《有闲阶级论》，但是相信您读完上述片段就会知道，凡勃伦考察的对象并不限于"有闲阶级"，而是将视角触及更加宽广的范围来探究人们的消费活动。并且，凡勃伦认为，"所有人"都是为了获得经济上的优势而努力，并且为了炫耀获得的经济实力而进行着各种各样的消费活动。这个"无限性"的观点和追求永远增长的"资本理论"可以说是非常吻合。

然而另一方面又不禁让人产生疑虑，如果消费只是"一种表示自己比别人更优越的手段"的话，那么永远要不断重复如何应对这种手段的黑暗世界，真的是我们所期望的吗？

是否就只存在炫耀式消费和按需消费这两种方式

通过观察 19 世纪发达国家那些"已经解决了基本的问题"的人们的经济活动，桑巴特提出"基于恋爱游戏的奢侈"才是经济的驱动力，而凡勃伦则认为驱动经济的是"为了夸耀自己是个成功人士的奢侈"。

尽管这两个观点都有点极端，但正如已经指出的那样，比如，考虑到即使在今天的停滞社会中，欧洲的奢侈品牌和高级跑车的市场也仍然在稳步增长中大放异彩，我们就不得不承认他们二人的理念至今仍具有一定的说服力。

事实上，我在前文中没有提及这一点，其实之前提到的那位凯恩斯也指出过同样的问题。

一个事实是，人类的需求是永无止境的。但是这个需求可以分为两类。第一类是绝对的需要，是指不管周围的其他人状况如何，我们都会觉得有必要的东西。

第二类是相对的需要，即只有当这种需要的满足能够让我们感觉位于他人之上，产生一种优越感时，才会产生的一种需要。第二种需求是一种满足比他人优越的这种欲望的需要，确实可以说是没有止境的。随着整体水平的提升，这种需要也会跟着水涨船高。

但是，绝对的需要并不能说是无限的。或许绝对的需要会比任何人想象的更快得到满足，甚至我们可以认为一个将精力放在经济目的之外的事情上的时代即将到来。现在说说我的结论吧。我想您如果对这个结论进行深入的思考，就会发现它足以让人感到震惊。

这个结论就是，如果没有大的战争，也没有人口的极端增加的话，经济上的问题在100年之内就会得到解决，或者至少接近于解决。这意味着如果展望未来，经济问题对人类来说并不是永远的问题。

J. M. 凯恩斯《我们后代的经济前景》

把凯恩斯的观点摘要出来可以总结为以下两点：

1. 人的需求分为"与他人无关的绝对需要"和"为了超越他人而产生的相对需要"两种。

2. "绝对需要"会在近期之内得到解决，但是"相对需要"则是无限的。

凯恩斯做这个演讲的时间是在1930年，当时世界正处于一个恐慌时期。当时他预言"在100年内绝对需要将得到满足的时代即将来临"，现在来看可以说是被他说中了吧。

不过，凯恩斯并没有在他的演讲当中直接阐述"经济问题解决了之后的世界"里，要靠什么来牵引经济的发展。但我们从上述的表述中可以看出，在之后的世界里能够驱动经济的就只剩下"渴望比其他人更优越的欲望，即相对需求"了。因为这个需求是"无限存在的"。

"无限的加热"的最终去向

确实，我也觉得这种"无限性"和资本主义十分契合。因为前面也提到了。资本在理论上就是要求"无限增长"。但是，这种无限性很容易和"奢侈"连接起来。如果说在20世纪前半段之前，那样的"无限性"可能没有什么大问题，但是正如前文分析过的那样，现在自然、环境、资源等问题已经引发了全球性的担忧，通过奢侈的方式驱动经济不论是在伦理道德层面还是在客观事实上都是不允许的。

进一步阐述的话就是，如果以这样的方向牵引经济，就会加剧社会对立的局面。在日常需求得到满足之后的世界里，如果驱动经济发展是"为了展示比他人优越的需要"，那么经济活动本身就会变成一种决定社会上优劣关系的游戏，因此难免会产生"无限的过热"。但是，这种"无限的过热"最终只会引起熔毁。

事实上，在现在的世界里到处都能看到这样的"熔毁，或者说道德沦陷的现象"。简单易懂的例子是高级跑车的世界。

2019 年 9 月，大众集团旗下超级跑车品牌布加迪发布了新款跑车 Chiron。令人惊讶的是它的性能和价格，输出功率为 1500 马力，最高时速可达 490 公里／小时，售价为 260 万欧元。但是铺设了能让这样的汽车行驶的道路的国家，几乎毫无例外地都有限速要求，因此可以说地球上基本上找不到一个地方能够发挥它如此荒谬的性能。换句话说，对于购买这样一款车的人来说，它的性能只不过是一个"标志或信息"而已。

Chiron 的拥有者想要拥有的"标志"很明显，那就是一种"你输了，放弃无用的抵抗吧"的信息。最近，作为"超级跑车（SuperCar）"更上层的分类，汽车厂商还设定了"顶级超跑（HyperCar）"的分类，从这样的小细节里面我们也能看出市场营销战略的一些小心思，就是通过将"阶级差异"进一步细分，让社会上产生"羡慕忌妒恨"的情绪，借此唤起大家的购物欲望来消除这种"负面的情绪能量"。

"夸富宴"游戏的赢家最后的命运走向

这样的经济发展方式让我想起来一个叫作"夸富宴"的词。所谓的"夸富宴（potlatch）"也叫作"散财宴"，文化人类学家马塞尔·莫斯（Marcel Mauss）在 1925 年所著的《赠予论》当中介绍过它，主要是美洲原住民当中的一种仪式。

在这个仪式中，部落的酋长们要通过互相竞争看谁能够消耗更多的财产来比较地位的高低。也就是说"夸富宴"是一种"游戏"，谁能更慷慨、更大胆地散财、破财，谁就能获胜。

所以理所当然地，这个"夸富宴"的游戏关乎酋长的面子问题，所以人们总是对于"不惜散尽家财全力比拼"有着过热的情绪，常常会将竞争升级到当场杀死自己的牲畜或者家奴的程度。加拿大政府一气之下在1885年颁布法律禁止了这样的"夸富宴"。

可能我们很难想象在现代文明世界中的"夸富宴"会是什么样子，但电影经常将这种"疯狂散财"的情况刻画成令人印象深刻的场景。比如，曾经由罗伯特·雷德福主演、最近由莱昂纳多·迪卡普里奥主演的翻拍电影《了不起的盖茨比》的开场派对场景，就是一场文明社会当中的"夸富宴"。或者同样由莱昂纳多·迪卡普里奥主演的电影《华尔街之狼》当中，描绘了现实生活中在华尔街获得巨大成功的投资银行家乔丹·贝尔福德（Jordan Belford）那种非常奢靡和荒谬的生活方式。由于那些行为太过于脱离伦理道德的轨道，因此在日本是被归于"十八禁"的电影。

我们能够享受这样的电影场景，是因为我们处于电影观众这样一个"旁观者的位置"上。如果我们作为当事人，生活在一个只能通过这样的奢靡方式才能保持经济发展的社会、一个一味地追捧破坏性消费、通过糟蹋钱财的方式来决定社会地位孰优孰劣的"夸富宴常态化社会"，那么我们只能把这种社会称为地狱了吧。

在那样的世界里，理论上只有少数人才能站在金字塔的顶端，成为"优劣游戏"的赢家。这样的"夸富宴常态化社会"不是地狱又是什么呢？

"必要"与"奢侈"之间的答案

到这里为止我们来整理一下吧。重点有三个。

1. 在今天的发达国家，已经基本上解决了为了安全舒适地生活而构建物质生活基础的问题，进入了一个人口不会再继续增大的"朝着高原软着陆"的阶段，因此必然会产生"需求的饱和"。

2. 既然商业是通过"发现问题"和"解决问题"而成立的，那么已经解决了大多数问题的"需求饱和的社会"就会产生经济停滞、利率低下的现象，这一点从发达国家普遍出现的GDP低增长率和极端低利率的现象就可以看出来。

3. 若为了避免这样的现象发生，而去诱导消费者进行"不必要的消费"，则势必会跟"奢侈"相挂钩。那样的消费方式在"自然、环境、资源"问题日益严重的今天，从伦理道德层面来说是不被允许的，从客观层面来看也是不可持续的。

这样一想总觉得让人有些"束手无策"，但是这是一个非常重要的关键点，我们来仔细研究一下吧。针对这个理论我们要从哪里找到突破口，才能在高原上构建起一个富饶而祥和的社会呢？

让我们认认真真思考一下。想要突破一个理论的框架，最该攻击的地方就是这个框架里最薄弱的点，也就是"两项对立"这个默认的前提。在这个理论当中有关"消费方式"的两项对立的构造就是我们要找的薄弱点。真的像桑巴特、凡勃伦、凯恩斯他们所指出的那样，消费就只有"与他人无关的必要性消费"和"为了超越他人而需要的消费"，即"必要"与"奢侈"这两种吗？恐怕大多数的读者看到这里，也会对这种将"人类的欲求"简单地一分为二的整理方式感到某种违和感吧，"总觉得好像有什么重要的东西被落下了"。

说到这儿我不禁想起桑巴特所说的"奢侈也有两种"的观点。

重新再把他的观点总结一下就是，"用黄金装饰华丽的圣殿以供奉神灵"和"为了自己订购丝绸衬衫"这两件事无疑都是"奢侈"，但是两者之间"会让人立刻感受到天差地别"。那么我们对于这两种"消费行动"会感到有"天差地别"的原因究竟在哪里呢？

在此我想说明两点。那就是"利他性"和"时间轴"。"购买丝绸衬衫"纯粹是处于自我满足和自我彰显的这种"封闭性的目的"而进行的消费，而"装饰华丽的圣殿"则不是为了自身，而是为了救济他人的一种"开放性目的"进行的建设。此外，"购买丝绸衬衫"只是在极短的时间内发生的

"消费行为"，而"装饰华丽的圣殿"的时间跨度很长，甚至可以说是无限期的，对于大多数人来说能够带来"更高层次的喜悦"。

能否体味到"至高体验"

思想家乔治·巴塔耶把这种喜悦称为"至高性"。

> 我想起来了。那个时候我坚持说，锡耶纳大教堂好像在对在广场上驻足的我微笑。别人告诉我"那是不可能的，美丽的东西可不会笑哦"，我最终也没能说服他们。
> 但是我那天在大教堂前的广场上像个孩子一样幸福地笑了。大教堂在七月的阳光下熠熠生辉，是那么耀眼夺目。
>
> 乔治·巴塔耶《论尼采》

巴塔耶用他自己的亲身经历来作为"至高体验"的例子，他跟桑巴特一样用"大教堂"为例这件事并不是偶然事件。我认为这对我们有一个很重要的启迪，可以帮助我们去思考如何驱动"高原社会的经济发展"、我们的欲求方式应该是怎么样的。

上文中巴塔耶所说的"锡耶纳大教堂"应该是指"锡耶纳主教座堂"吧。14世纪初建成，黑白相间的大理石条纹给来访者留下深刻的印象。之后长达 700 年间，这座大教堂既没有产生新的二氧化碳，也没有消耗自然资源，只是不断地给那些来访者们带来"能活到现在真的太好了"的这种"至高体验"而已。这种"资源生产性的高度"，才是 21 世纪的经济活动需要去追求的东西。

让人的一生"活得更有意义"

正如前文已经明确过的那样，我们所居住的世界已经在多方面都面临着有限性的问题，给自然、环境、资源施加巨大负担的奢侈消费无论在客观条件上还是伦理道德上都是不可取的。但是，在日常的实用性需求已经得到满足的现代社会，如果对奢侈性的消费管得太严的话，那么就会出现另一个显著的经济萎缩问题——"硬着陆问题"。在考虑如何一边保持经济从平稳发展到略微增长状态的"软着陆"状态，一边通过可持续性的发展使高原社会成为一个让人觉得"人间值得"、真正富饶而祥和的社会时，这种以"至高性"为核心开展的生产和消费，将会是今后社会的关键所在。

在这里我们就找到了当我们听说"消费只有和他人无关的必要消费和为了超越他人而进行的消费这两种分类"时，我们会感到违和感的根本原因了。

因为像这种带有至高性的生产及消费方式，根本不属于上述两个分类，而是基于其他类别的欲求而产生的。这种欲求就是"根植于人性深处的冲动"。举个例子，人们会有"想要唱歌、想要跳舞"等的冲动，也会有"想要画画、想要创造"等的冲动，或者是"想要在草原奔驰"的冲动，"想要躺在树荫底下看阳光洒落下来"的冲动，"想要纵身跃入美丽的大海畅游"的冲动，"想要对困难的弱者伸出援手"的冲动，"想要跟怀念的故友举杯共饮"的冲动，"想要抱紧自己喜爱的孩子"的冲动，"想要把某种崇高的东西奉为人生信仰"的冲动……

这些欲求是基于人的本性使然，正是有着这样的冲动才让我们人区别于其他生物而存在。然而，如果你要问这种欲求是否是"现实生活中的必需品"的话，那答案一定是"否"，而要说这些欲求是否属于"奢侈"呢？答案也仍然是"否"。也就是说，像这样"让人觉得生命更有意义"的重要欲求，不管是桑巴特、凡勃伦还是凯恩斯他们都没有在各自的理论当中提及。

工具行为与自我满足行为

像这样思考下来的话，"必要"与"奢侈"这两个看似是对立的消费方式，实际上也存在着一个共同点。那就是这两个消费方式都是"手段式"的，属于"功利性"的消费。

"必要的消费"属于"手段式、功利性"的消费这一点可能比较容易理解，但是您可能会有点疑惑，"奢侈"真的也是这样的吗？但是，如果桑巴特、凡勃伦和凯恩斯所说的是对的，"奢侈"的本质目的是"给恋人留下深刻印象""为了彰显自己比其他人优越"的话，那么我们就不得不说这种行为也是"手段式、功利性"的。

然而，我之前举例的那些基于"根植在人性深处的冲动"的消费，并没有体现出这样的"手段式、功利性"的特征。这些的消费活动与"必要"和"奢侈"有着很大的不同，活动本身会给行为主体带来愉悦和感官上的效用，且当时就能获得活动所带来的回报。而且这里面"时间"的概念也消失了，这一点请加以留意。

在这里我们要面对"概念的缺失"这样一个事实。要想把一个理论像是放在手心上把玩的物件一样来描述，就必须要有"能够让人感受到触感的语言"。但是我们的文化当中并没有一个合适的褒义词来形容这种被"根植于人性深处的冲动"所驱使的经济活动。

因此在这里让我借用一下外语的力量吧。这两个乍一看是对立存在的"必要"和"奢侈"，实际上具有"为了未来的利益和功效将消费行动变成一种手段"这样一个共同点，那么用汉字来描述就是"手段式样的、功利性的"的意思，用英语来表达就可以用"Instrumental（工具性的）"这个词来描述。

而另一方面，"当下这一瞬间就能感觉到愉悦和感官享受、能把行为成本回收回来的这种活动"我觉得就可以用美国社会学家塔尔科特·帕森斯所提倡的"Consumatory（自我满足式的）"这个概念来描述。这个 Consumatory 其实很难找到一个合适的汉字词汇来解释……因此我才引用了这两个英文的原词。如果把 Consumatory 和 Instrumental 的概念进行对比的话可以得到以下这样的结论。

Instrumental （工具性的）	Consumatory（自我满足式的）
中长期的	瞬间的
手段是成本	手段本身即是利益所得
手段与目的不一样	手段与目的相融合
利益所得是外在的	利益所得是内在的
合理的	直觉驱使的

如果说我们人类最强烈感受到"生命的充实"的时刻是在"根植于人性深处的冲动"得到解放之后的话，那么在我们进入完成文明化进程的"高原社会"当中，为了让每个人都能真正意义上过得更加丰富多彩、富裕而祥和，让每个人都能发挥个性好好地活着的话，那么就必须要解放人们根植于个性的冲动。

然而，在当下的社会，大多数这样的"人类之所以为人"的冲动欲求并没有得到实现，而且比这个更重要的事情是，"没有实现的这件事本身"对于大多数人而言并没有被感知到。如前文所述，如果说市场会在"没能实现的欲求"所在之处发展起来的话，那么就意味着一个跟以往的经济有很大不同特征的更广阔的市场，正潜藏在未来的某个地方。

我认为，正在逐步往"高原"前进的社会当中，如何让这种根植于"人性深处的冲动"的欲求得到满足，才是让经济和人性能够两全的唯一道路。

---

1. 奥斯卡·王尔德（1854～1900），出生于爱尔兰的诗人、作家、剧作家。被称为 19 世纪末文学界的旗手，风格多为唯美主义、颓废派、怀疑论。

2. 阿比吉特·班纳吉（1961～），印度经济学家。现在是麻省理工学院的教授。2019 年获得了诺贝尔经济学奖。

3. 埃斯特·迪弗洛（1972～），法国经济学家。现在是麻省理工学院的教授。2019 年获得诺贝尔经济学奖。

4. 《世界发展报告 2016——数字红利》，世界银行，2016 年。

5. 数据来自 Facebook 公司财务报表。

6. You Tube 和 Facebook 分别在 2007 年、2008 年进入日本市场。

7. 有不少人认为是所谓的新自由主义经济政策导致的社会差距的扩大。这些政策是指欧美在 20 世纪 80 年代通过里根和撒切尔实施的、在日本则是由小泉纯一郎首相在 21 世纪初推进的一系列放宽政策、公营企业民营化改革等的经济政策。但是，很多经济学家认为，技术革新带来的劳动需求减少，比这样的政策的影响更大。

8. 卢德运动：19 世纪初的工业革命时期，因引进机械而面临失业威胁的英国手工业者、工人所引发的破坏机械的运动。1811 年至 1817 年，英国中北部的纺织工业地带扩大，政府进行了严厉的镇压，但并未因为镇压而让运动得到平息。卢德（Luddite）的词源相传是与这场运动的首领叫卢德王（Ned

Ludd）有关联，但是否真实存在这样的人物无从考证。

9. 日本昭和时代，即 1926 年 12 月 25 日至 1989 年 1 月 7 日。

10. 美国的石油公司，约翰·洛克菲勒及其伙伴在 1863 年创立的俄亥俄州的合伙人公司是这家公司的前身，其正式成立的时间是 1870 年。在 1911 年基于美国联邦政府最高法院的要求分割成了 34 家新公司。

11. 罗纳德·哈里·科斯（1910 ~ 2013），美国经济学家。曾发表论文《企业的性质》（*The Nature of the Firm*）（1937 年）和《社会成本问题》（*The Problem of Social Cost*）（1960 年），因这两项业绩获得 1991 年的诺贝尔经济学奖。通过导入此前在经济学上很少被提及的"权利""法律"的外部性问题，或者是引入"交易成本"概念，为产业组织论的发展做出了巨大贡献。

12. 米尔顿·弗里德曼（1912 ~ 2006），美国经济学家。1982 年到 1986 年期间担任日本银行的顾问。1976 年获得诺贝尔经济学奖。

13. 日本国立社会保障·人口问题研究所《2017 年社会保障·人口问题基本调查 关于生活与支柱的调查》。

14. 林纳斯·托瓦兹（1969 ~），出生于芬兰赫尔辛基的程序员。开发出了 Linux 内核，并于 1991 年将其公开。之后担任给官方 Linux 内核进行最终调整的工作，或者称为"仁慈的终身独裁者（Benevolent Dictator For Life，简称 BDFL）"。

15. 每过 50 年人的意识就会发生很大的变化。也就是说再过 50 年，到了 2070 年的时候，人们也有可能对现在的我们所认为的许多"想当然"的事情感觉到"好愚蠢啊"。我认为不断思考"愚蠢的事情"会是什么，是我们这一代人对后世的人们的一种责任。

16. 维克多·帕帕奈克（1923 ~ 1998），奥地利裔美国设计师兼教育家。留下了许多关于针对社会上的"设计的责任"的问题思考。

17. 丹尼斯·霍尔姆·罗伯逊（1890～1963），英国经济学家。剑桥大学的教授。与凯恩斯是朋友关系，但是在经济理论上基本上没有一致的论调。

18. 威廉·莎士比亚（1564～1616），英国剧作家、诗人。英国文艺复兴戏剧的代表性人物。由于其卓越的人类观察力所构成的心理活动描写，被称为最优秀的英国文学作家。2002年BBC举办的"100名最伟大的英国人"投票评选当中位列第5名。顺便提一下，第1名是温斯顿·丘吉尔。

19. 维尔纳·桑巴特（1863～1941），德国经济学家和社会学家。德国历史学派最后的经济学家。

20. 索尔斯坦·凡勃伦（1857～1929），活跃于19世纪后半期到20世纪初期的美国经济学家和社会学者。与马克思从不一样的视角分析和批判了当时正在不断兴起的产业资本主义社会。

第三章

我们该做点什么

但我希望你停止对自我主义不管三七二十一地大喊大叫。请恕我直言,在我看来,这个世界上大约有一半的烦恼是那些没有运用真正的自我主义的人造成的。

杰罗姆·大卫·塞林格《弗兰妮与祖伊》

高原上的自我满足经济

在上一章中，我主要以"消费方式"为出发点进行了考察，提出了要将我们的经济活动从"为了将来而把现在手段化"的这种工具性行为，转变为"追求当下这一瞬间的愉悦与充实"的自我满足式的行为这样一个方案。

我曾指出，那样的经济方式不是一种只购买生活必需品的孤独的消费方式，它也不是阿鼻地狱般的为了向别人炫耀而进行的奢侈性消费，而是与自己和他人的愉悦和感官体验直接相关的、基于人类最原始的冲动而来的。

这样的主张其实并不是我的原创，早在100多年前就已经有人提出了。剑桥大学哲学教授，凯恩斯的导师乔治·爱德华·摩尔[1]就曾在他的著作《伦理学原理》当中描述了如下社会愿景。

我们所知或所能想象的最有价值的事情，莫过于某种内心的状态，就像是从朋友那里得到的喜悦或者是看到美丽的东西时自然感到的愉悦体验。

只有当目的是让尽可能多的人达到这种状态的情

况下，个人和社会的义务执行才会被正当化。能够给予人类活动一个合理的最终目的，使其成为衡量社会进步的唯一指标的，就是这种意识状态。

乔治·爱德华·摩尔《伦理学原理》

摩尔的这个表述，跟我所主张的从"工具性社会"转变为"自我满足式的社会"实际上是相同的。身处第二次工业革命后期，社会文明发展显著的时期，摩尔认为，应该把所有个人和社会活动的目的都放在让人们进入一种能够感到身心愉悦的理想状态中去，社会的进步和发展究竟做得如何，应该只从这一点上来衡量就够了。

摩尔的这个观点，不仅表明 GDP 这个指标已然没什么意义，还给我们这些没能找到新的"衡量增长的指标"的人提示了一个重要的信息。摩尔说，有多少人达到了"从朋友那里得到的喜悦或者是看到美丽的东西时自然泛起的愉悦体验"等为代表的"某种内心状态"，这个"衡量社会进步的唯一指标"，且所有个人和社会的活动都只有在以实现这种目的的情况下才会被正当化。

把摩尔的观点换句话来说就是，要把"以文明和技术牵引的经济"转换到"以文化与人性来牵引的经济"上去。让我们的高原社会产生更多鲜活的、丰富的事物，通过彼此的交换来驱动经济的增长。这样的话就可以构建出一个"人性与经济一体化的社会"了吧。

在这样的自我满足式的社会里面，人们应该会追求更有价值的东西，比如，比起"便利性"更重视"丰富性"、比起"性能"更注重"情绪"、比起"效率"更关注"浪漫"。然后每一个人都发挥自己的个性，在各自的领域比起"有用"来说更追求"有意义"，这样让社会变得越来越多样化，那么在那些原本因为固有的"意义"所产生共鸣的顾客当中，应该会形成一种与之前仅仅依靠货币交换而维系的经济层面的关系所不同的、更加强有力的心理层面的联系吧。

比如说这样的……

● 市井百姓，人人都像是艺术家被冲动所驱使埋头投入艺术创作那样，每个人都投入各自的活动中，让这个世界产生更多与作品相关联的事物的社会。

● 找到这世上那些不能放任不理的问题，并以解决问题为自己的人生追求，这样的人或者组织不断吸引更多有共鸣的人聚集到一起，放射出巨大的能量的社会。

● 没人会再聚集到一个没有目的意识、追求无限增长的毫无意义的组织，每个人都以自己的步调埋头于自己的工作的社会。

● 人们不是为了显摆或是炫耀自己的优越感，而是真的为了让自己的生活变得更加丰富多彩而去购买一些东西或者服务，并据此来培育和提升自己的感性及知性的社会。

● 不存在强迫别人为了将来而牺牲当下，或者为了组织而牺牲个人的现象，人的尊严不会遭到践踏的社会。

● 再看到有困难的人孤立无援时，周围的人不必一边感到罪恶感又一边又以"没有时间多管闲事"为由而低头当作没看见的社会。

● 每个人都住在自己想要住的地方，跟自己想要一起共事的人工作，能够感受到劳动带来的喜悦的社会。

● 对孩子的教育不再是为了让他们成为资本主义社会高效运转的高性能的零部件，而是为了培养他们的创造性，以便他们把高原社会建设得更加丰富多彩的社会。

● 不是为了经济增长，而是为了让人们能在美丽的风景之中度过一生而进行各种公共设施的开发与投资的社会。

正如第一章中已经确认过的那样，日本社会经历了两百年的激烈的文明化竞争，已经从被迫追求效率的社会中解放出来，达到了一个不需要再继续追求经济上升的平稳的高原社会了。

在这样的高原社会当中，如果仍然以过去曾经经历过的那种高增长为发展目标，那么必然会陷入不符合伦理道德的领域当中去。在这样的社会里，我们的经济活动需要从提升文明层面的便利性，转变为提升文化层面的丰富性，必须让经济活动和社会丰富性的增进处于同一步调。

必要的是：柔韧且美好的变化

那么，为了建成一个自我满足式的高原社会，今后具体应该采取怎么样的行动呢？

基本上有三点。

倡议 1：找到自己真正想做的事情并全身心投入
倡议 2：对于真心想要支持的事物投入金钱
倡议 3：（为了实现 1 和 2）导入全民基本收入的制度

可能您会觉得上面这些举措对于社会革新这么大的课题来说简直是太微不足道了。但是我认为只要每一个人都切实地完成上述倡议的内容，那么社会就一定会得到改变。现在的我们所需要的东西，不是那种从根本上破坏整个社会体系的爆炸性的改变，而是像毛毛虫慢慢从蛹中破茧成蝶一般的柔美的变化。之所以这么说，是因为造成当今这个现状的，不是某个不知名的角落里的什么人，而是我们自己。

曾与众多国际组织和公司合作开展社会革新项目的社会系统设计师大卫·斯特罗 [2] 曾经提出，当我们试图解决一个复杂的问题时，首先需要注意到"我们自己就是引发我们现在想要尝试去解决的这个问题的系统当中的一员"这件事。

不管是什么样的问题，如果我们没有意识到每一个参与者是怎样与这个系统紧密相连的，以及我们是如何在无意识状态下参与了问题的发生，那么我们永远不可能改善这个系统。因此在这个系统当中，每一位参与者能够最自由地控制的人，并不是系统本身也不是参与这个系统的其他人，而是我们自己。

现在的世界仍然残留着许许多多的问题，大部分人喜欢攻击别人，认为"是政府的错、企业的错、媒体的错，是那些浑蛋的错"，等等，但是这些攻击的最后会带来什么样的世界呢？那只能是不宽容的、顽固的、攻击性的、排他性的"幽暗山谷"，与我们想要的"通风良好的高原社会"完全是背道而驰的。

改变历史的"小小的领导力"

如果正在阅读此书的您，感觉到这个世界正在往坏的方向发展的话，那么您首先需要认识到一点，造成这样的原因不是其他人，也不是政府，更不是企业，毫无疑问只能是您自己。世界会因为小小的领导力的积累而产生巨大的变化。我们当中的某一些人的行动，哪怕只有一点点，但是只要慢慢往一个方向移动的话，那么100年后的世界一定会发生巨变吧。

由于日本发展到现在从来没有发生过由百姓主导的社会革命，因此大多数的人都只是迷迷糊糊地梦想着"总有一天政府会出现很优秀的领导人来主导社会革新的吧"。日本好像很少有人会觉得社会革新跟自己有关系，用存在主义的话来说就是打算自己去"参战"的人很少。也就是说大家普遍认为，对社会进行变革的是行政部门或者企业的领导的事情，每天被生活琐事所烦恼的市井小老百姓，不可能成为社会革新的主导者，而且本身也没有必要去考虑那种事情。

　　这样的想法其实就是认为能改变世界的是"伟大的领导力"，但是事实上，出乎意料的是，能成为社会上大幅改变航向的契机的，往往是那些"小小的领导力"。例如，民权运动被认为是美国纠正黑人歧视的巨大转折点，而这一运动的导火线实际上是非常小的一件事情。那是在1955年，美国亚拉巴马州有一位黑人女性罗莎·帕克斯，她因为拒绝在乘坐公交车的时候给白人让座而被捕。这就是所谓的"公交抵制"事件。罗莎当时是在百货店做裁缝的，并不是什么人权运动家。这个事件也不是为了闹革命或者是想要主导民权运动之类的"伟大的意图"而引起的，据她自己回忆说，当时只是单纯地"不想服从不合理的要求"而已。在这个事件里面发挥作用的只是非常小的个人领导力，但是这个"小小的领导力"到最后竟然演变成了一场足以掀起改变整个美国历史发展轨迹的巨大的运动浪潮，全美人民都参与到了这个公民权运动当中。

　　我们所在的这个社会是由"复杂的体系"构成的。而这样"复杂的体系"并不是由一个程序来驱动社会整体的运动的，而是由构成这个体系的一个又一个的子系统的运动带动起来的。每一个子系统的运动的变化带来了其他的子系统的运动变化，然后才会引起整个社会体系的连锁反应。这个时候，引起社会整体变革的，不是行政或者企业的领导人，而是身处这个社会体系当中连名字都没有的个人。

科普作家马克·布坎南在他的 *Ubiquity: the science of history, or why the world is simpler than we think*（暂无中文译本，书名意为："无处不在：历史的科学，或者为什么世界比我们想象的要简单"）一书中写道，导致第一次世界大战爆发的导火线是奥匈帝国王储被暗杀的事件，而这个事件是由于王储的汽车司机开错了路。这个例子说明，历史这个东西，并不是靠什么重大的决定而改变的，而是某时某地几乎每日都在上演的很小的行为或者发言而诱发的。用混沌理论的话来说就叫作"蝴蝶效应"。

蝴蝶效应原本来自美国气象学家爱德华·洛伦茨提出的一个寓意性的假说，他认为蝴蝶扇动一下小小的翅膀，可能引起很远的地方的一场风暴。直接把这个理论放到社会现象上套用的话，不正是在说，每一个人的细小的行动，哪怕是像"一介草民想要抵抗差别对待而拒绝不合理的命令"这样的小事，最后都有可能演变成改变世界走向的巨大浪潮的意思吗？

探究"体系与人之间的关系该如何存在"的问题

在思考如何改变社会的时候，人可以采取两种方法。第一种方法是"改变位于自己外部的系统"，第二种方法是"改变身处系统内部的自己"。尤其是 20 世纪后半段以后，大部分的人都喊着要"改变世界"，然后将人生投入第一种方法中去，白白浪费了这一生。这样的例子有很多，比如：

在日本的大学的礼堂里，学生们大声喊着"大学解体，自我否定"，然后他们却把煤油倒入葡萄酒瓶里，扔向警察。

他们留长发、听摇滚乐，并在郊区的狂欢聚会上呼吁无政府主义。

或在深山老林里建一个道场，戴上奇怪的头饰，一味听从祖师爷的教训，只吃蔬菜。

或用伪造的护照出国，拿着机关枪，在外国的机场胡乱开枪扫射，叫嚣着资本主义的终结。

20 世纪后半段，有数千人，不，数万人叫着喊着要改变世界，然后投身于类似上述这样的活动中去，那么结果又怎样了呢？一切都归零了。为什么这样的活动只会给世界留下悲惨的结果呢？原因就在于，这些活动的出发点是想要"改变其他人"。

这样的想法，也就是"这个行不通改成那个吧"这种"替代性"的想法，是一种找到对象系统恶化的真正原因，然后试图用切换到其他的系统来解决的一种思维方式。这种方式非常简单易行，但是最终解决不了根本的问题。

我自己对于毫无批判精神地接受现有的体系这种态度当然是批判的，但是这并不代表我赞同把问题的原因全部归咎于社会体系。我对于只要把它替换掉就可以解决问题的这种想法也是持否定态度的。

这一点我在上一本书《新人类时代》当中也已经提到过，这里想要重申一遍。正如我在本书开头所说的那样，我们现在依存的这个社会体系当中确实存在很大的问题。如果不去管这个系统自身的对与错，而是将它以一种游戏的方式来接受和优化，并借此增加自己的利益，以这种老旧的方式处理社会问题，那么社会问题必然会继续扩大。但是，这是不是说接下来引领社会创新的新的方式就是要全面否定现有的社会体系，强行将社会切换到另一个新的体系去呢？

不，我绝对不是这样想的。可能有人认为这两者之间是完全式对立的关系，但是实际上如果把体系当作"主要"、个人当作"次要"，以这样的构造构成世界观的基础的话，那么其实它们是完全一样的。

现在我们直面的状况并不能当作"系统问题"来处理。很多人到如今还在秉持着"要切换到什么样的系统就解决问题"的观点争论不休，但是不管你用什么样的系统，只要在这个系统里面活着的人没有变，那么就不可能通过一个系统来带给人类丰富多彩。重要的事情不是问"怎样才能改变系统",而是要问问自己,"我要怎样才能改变自己的思考和行为方式呢"。

倡议1:找到自己真正想做的事情并全身心投入

在真正意义上的历史上,人类(阶级)为了追求认知而互相争斗,或者通过劳动与大自然做抗争,马克思称这段历史为"必然王国"。在这个领域之外的是"自由王国",在那里人类(无条件地相互认可),不再争吵,只需要做最低限度必须做的劳动。

亚历山大·科耶夫《黑格尔阅读导论:读〈精神现象学〉》

"商业即艺术"

想要把高原社会变成一个丰富多彩的美好世界,首先就需要将我们的工作从功利性的、手段性的"工具性行为",转变为让自己感到满足和完满的"自我满足行为"。

不过,我这样说,可能有的朋友会觉得我是不是在让大家赶紧辞职,去做一个讴歌享乐人生的艺术家,创作自己的作品?如果您那么想就误会我的意思了。我只是提一个建议,希望大家能够像艺术家或者舞者被一种创作的冲动所牵引着全身心投入作品的创作中去那样，也能全身心地、有冲劲地投入经济活动中去而已。

活跃于 20 世纪后半段的德国现代艺术家约瑟夫·博伊斯[3]曾提倡"社会雕刻"的概念，认为所有的人都可以通过自己的创造性来解决社会问题，做一个塑造幸福的艺术家。

世界上的人主要分为两种：一种是叫作"艺术家"的奇怪的人，还有一种就是"艺术家以外"的普通人。我想这应该是一种大家普遍的认知吧。但是博伊斯说，这样的想法是不健全的。

这一点比较容易引起人们的误解，因此我在这儿提醒一下大家。

现代艺术家并不是那些随心所欲地把颜料滴在画布上，或者把切成两半的哺乳动物放在福尔马林的罐子里的奇奇怪怪的人，他们只是用他们的视角来看待那些"无论如何都没法视而不见的问题"，然后用他们自己的方式提出来，甚至有时候还会尝试自己去解决。如果说商业的本质在于"发现和解决社会上的问题"的话，那么本质上与艺术家在做的事情其实是一样的。

近年来，商业与艺术在各种各样的领域里面越发地接近了。我个人觉得这里头其实有严重的违和感，可能我这样说有很多人要骂我了："这话不是你自己先说的吗？"其实我之所以会这么想，是觉得"艺术与商业的接近"在大多数情况下的讨论重点都在于"在商业的思维中融入艺术"，或者是与之完全相反的另一面，"在艺术的思维中融入商业"。这两者之间隐藏着一个共同的认知，那就是"商业和艺术是完全两样的东西"。

如果以这样的构造为前提的商业举措不断持续下去的话，那么艺术不久之后就会像过去那些为数众多的经营理论或者经营方法一样，曾经备受欢迎，后来被人弃之如敝屣，作为商业思维当中的流行技能之一，被消费过后就彻底结束了。

我觉得从根本上来说这是不对的。我认为从本质上来看，现在的我们要追求的应该是将商业本身当作是一个艺术项目来看待，也就是"商业即艺术"这样的思维方式。

在文明化遍地开花、物质问题已经得到解决的高原社会，具有新的价值的事情应该是将我们的社会"变成让人活得更有意义的世界"。如果这样的事情的代表是艺术和文化创作的话，那么今后高原社会上，商业是肯定需要的，而想要让我们的社会变得更加丰富多彩，我觉得还必须让每个人都接纳上述倡议，开始投入适合自己的艺术项目中去。

重新审视商业的本质含义

博伊斯提出"社会雕刻"的概念是在 20 世纪 80 年代，也就是说自那以后经过了 40 年的时间，终于到了一个任何人都需要作为艺术家来参与社会建设的时代了。

这又跟一个现如今到处都在说的热门词汇"CSV"有关系了。CSV的全称是"Creating Shared Value"，创造共享价值的意思。我自己本身当然是赞同CSV的理念的。但是反过来说，有时候越是特地提前告知别人要去做CSV（创造共享价值），我们的商业却越往与"产生共享价值的活动"相背离的方向去发展，不，甚至可以说是常常会往"DSV（Destroying shared Value）（破坏共享价值）"的方向去发展。如果说商业的本质含义曾经是"解决社会上的问题"，或者说"要将社会变得更加丰富多彩"的话，那么我想我们现在已经到了一个不得不重新考虑一下："为什么会变成今天这个样子的呢？"

我已经在前面提过无数次了，我们的世界已经几乎解决了位于经济合理性界限曲线内测的物质性问题，达到了"高原社会"的状态了。在这样的"高原社会"当中，"探寻市场需求，权衡其是否符合经济合理性，在成本范围内做一些能够做的事情来获取利益"传承了多年的游戏模式已然终结。

接下来的世界，就像艺术家基于自己内心的冲动来创作作品一样，这个世界需要每个人基于自己内心的冲动来参与商业活动，将社会当作一个雕塑作品，把自己当作艺术家一同参与到这个作品的创作中去。

因冲动而驱动的社会革新

大部分的人都把自己当作社会雕刻家来参与社会建设和创建幸福家园，那么高原社会就会在本质上变得更加丰富多彩、生机勃勃、充满友爱与温暖了。

大致整理一下的话，这样的活动就是在第二章开头提到过的以下两点。

1. 社会课题的解决（实现社会革新）

解决位于经济合理性界限曲线外侧的尚未解决的问题。

2. 创作文化层面的价值（实践文化创作）

创造出能让高原社会变成"让人活得更有意义的社会"的东西与事情。

在基本解决了普遍问题的高原社会中，我们剩下的工作只有上述这两个。而且在这两个活动的实践过程中，无论如何都需要恢复自我满足式的感性。为什么这么说呢，因为上述两个活动只靠"经济合理性"是不一定能被驱动的。

接下来让我们考察一下上述倡议中的这两点吧。

首先第一点是关于"社会课题的解决"。

我认为自我满足式的思考方式和行动方式扎根于社会，也有助于推进社会革新。为什么这么说呢，因为解决社会课题的创新，一定是由那些"没法对问题视而不见，一定要做点什么"的冲动而驱使着的人来实现的。

我在 2013 年出版过一本书叫作《如何组建世界上最具创新能力的组织》，执笔写作之前，我对包括史蒂夫·沃兹尼亚克（苹果公司创始人之一）在内的全球范围内得到高度评价的大约 70 位创新人物进行了采访。那时候得到的一个具有喜剧效果的结论是，"没有人是因为想要去创新而进行创新的"，也不是因为"想要进行创新"而激励自己去投入工作的，而是被"想要帮助这些人！""要是能实现这个就太棒了！"等的冲动所驱使着去投身自己的工作中的。

这里有一个重点，那就是他们这些创新人物之所以实现了创新，并不是单纯地考虑"这样做能够赚大钱"这样的经济合理性的目的来工作的，而是被"没法对这个事情撒手不管""不做这样的事情活着没有意义"等强烈的心理冲动——这些也常常是从艺术家们身上可以找到的共同点——驱使着才得以实现的。

我们调查过去的创新案例也能发现，核心的创新理念萌芽的初衷，一定是超越经济合理性的"冲动"。

在大雨的德里郊外，看到一家人带着两个年幼的孩子骑着摩托车移动的样子，感觉到"需要有这些人也能买得起的便宜又安全的汽车"的拉坦·塔塔⁴。

在寒冷的隆冬之夜，看到那些带着孩子在路边摊颤抖着排队等吃拉面的人，觉得"想让他们在家轻松地吃到美味的拉面"的安藤百福[5]。

在施乐帕罗奥多研究中心的一次演示过程中，提出了"计算机的未来"，不断地高喊"这是一场革命！你不知道这有多棒！"的史蒂夫·乔布斯。

20 世纪前半段，在全世界大流行的脊髓灰质炎（小儿麻痹症）[6] 夺走了许多孩子的生命，为了让这种疾病从世界上彻底消失，将自己的一生奉献给疫苗开发且不申请专利，优先疫苗普及的乔纳斯·索尔克[7]。

像这样"超越经济合理性的冲动"，通常是在艺术家的身上能被看见的东西，但同样的心性在创业者身上也时常能被观察到。现如今，在商业世界里常常被人拿来探讨的所谓"艺术思考"与商业之间的结合点就体现在这里了。在高原社会，想要解决那些经济合理性不一定能得到保障的"遗留问题"，就需要商人拥有和艺术家一样的心性。

"利用冲动恢复体系活力"

长期从事与社会福祉有关工作的横滨市立大学名誉教授

加藤彰彦老师，在他的最后一课上讲了"福祉即为冲动"这样一句话。我想大家听到"福祉"二字一般不会联想到"冲动"吧。这到底是什么意思呢？

说到福祉，其实并不是说几句漂亮话就能搞定的事情。我们如果听到有人"从事与福祉相关的工作"，大多数情况下容易产生一种刻板印象，以为他们是"由于正义感或者责任感，主动去承担起艰难和辛苦的工作"。然而加藤老师长期奋战在福祉工作的一线，在知道这个工作有多难的情况下说的"福祉即为冲动"。

不是我们容易误以为的"正义感"或者"责任感"，而是想要对身处困难之中的其他人伸出援手，想要跟那些人一起好好活下去的"冲动"，这才是驱使人们去走福祉这条路的根本动力。这是加藤老师想要表达的内涵。

另外，吉藤健太朗先生之所以发明了分身机器人"OriHime（织姬）"，也是基于他自己的冲动所驱使的。他希望那些因疾病或者身体残障等原因导致无法外出的人们，可以有一个自己的分身，自由地去想要去的地方，在那个地方跟其他人进行交流，于是才开发了这款机器人，并致力于在全世界推广这种"通过分身参与社会活动"的理念。

吉藤先生投身于这样的事业的理由非常的单纯，那就是"不希望有更多的人品尝自己曾经吃过的苦"。吉藤先生从小学到初中曾经有好几年的时间都在逃学，品尝了地狱般的孤独滋味。不希望其他的孩子也体会这种艰辛的孤独感，希望让孤独感从这个社会上消失的这种"冲动",就成了他研究开发这款机器人的最大动力。

前文也曾经提过,凯恩斯在他的著作《就业、利息与货币通论》中曾指出,经济并不是靠"数学上值得期待的合理的理由"来驱动的,而是由"根植于人性深处的冲动"而驱动的。凯恩斯所生活的年代是 19 世纪后半段到 20 世纪前半段,这在人类历史上也是最具冲击力的创新频出的第二次工业革命时期。生活在那样的时代的凯恩斯,把"根植于人性深处的冲动"当作促进创新的第一要素。

然而,回顾现在的商业世界就能发现,在我们探讨新的事业版图的时候,最后起决定性作用的根据已经彻底沦为"数学上的期待值"或者"可量化的利益乘以可量化的概率得到的加权平均值"。而且,通常越是被叫作精英的那群受过高水平教育的人,就越容易被这样的教条所束缚。从利用社会资源的角度来看,这是一个可怕的机会成本。

为了不让您误会我的意思我先说明一下,我并不是要否定上述这样的技能。而是说真正的问题在于,原本是"主"的"根植于人性深处的冲动",被原本是"次"的"验证合理性的技能"所入侵,主次关系颠倒了。也就是说原本是"名为冲动的主人"通过使用"名为技能的家奴"来推动人类进化史,而现如今这个关系反转,"技能变成了主人压制了冲动",这是当前的经济系统所面临的问题所在。我们需要将这样的主仆关系再一次逆转过来,"让冲动反向入侵到社会体系当中去"。

换句话来说就是前文提到的"商业即艺术"。也就是说，就像艺术家基于冲动投入作品的创作当中一样，我们也需要基于自己内心的冲动来参与各自的社会活动。

从文明的价值到文化的价值

接下来，让我们一起考察一下高原社会的活动当中的第二个"创作文化层面的价值"吧。把商业本身当作一个艺术项目来看待，这其实意味着创造商业价值的方向性将从"文明的丰富性"大幅度切换到"文化的丰富性"上去。

正如本书的第一章当中已经确认过的那样，地球上的文明化已然接近尾声，我们逐渐迎来了被需求、空间以及人口这三个物理上的有限性所制约的"增长的界限"。如果想要突破这样的有限性而去追求无限的经济增长的话，那么就容易出现"放肆购物并不断丢弃"这种奢侈无度被礼赞的扭曲的价值观，前文也已确认过，这样的价值观是不可持续的。那么是否有可能在与有限性妥协的同时为社会创造新的价值呢？对于这个问题，我们有一个答案是"通过文化创造，那就是可能的"。

在本书的第二章当中提到过，桑巴特曾经指出"奢侈有两种类型"。这里重新提一下吧，这两种类型是指"在庄重华丽的圣殿用黄金装饰以供奉神灵"和"为自己订购丝绸衬衫"这两种行为。在这里我要说的"文化价值的创造"想必不需要我多说，您也能看得出来是属于桑巴特所说的"大教堂的建设"这种类型的奢侈对吧……它指的是一种能够持久存续的、思想开放的、永远不会被消耗殆尽的可促进社会更加丰富多彩的活动。

作为这种价值创造转换的成功案例，我要给大家隆重介绍的是日本历史上的著名武将织田信长。织田信长应该是日本历史上第一位意识到日本战国时代永远不会结束的根本原因的人物。

在日本战国时代，绝对武将地位的最重要的指标叫作"石高（米谷的收获量的意思）"，这也就意味着是"拥有的耕作土地的面积大小"的意思。为什么耕地面积的大小会成为一个问题呢。那是因为当时的经济规模几乎是跟耕地面积成正比的。信长把这一点当成了他治国时的一个问题来思考。

这是怎么回事呢？由于日本是一个岛国，不仅国土无法轻易扩大，而且国土当中的九成都是山峦或者丘陵地带，能够适合当作耕地的平地不过是区区一成而已。也就是说围绕"耕地面积"的纷争必将变成一种"有人得到就必然有人失去"的零和博弈。这就是当时只有信长一个人注意到的"日本战国时代永远不会结束的根本原因"。

织田信长意识到即使有一天自己一统天下，也仍然难从这个问题当中摆脱出来。如果想要给自己麾下的武将论功行赏，给他们封地的话，那么就必然会减少其他武将或者自己手里的领地面积。在这样的状况下是没办法获得天下的长治久安的。

最后，织田信长非常巧妙地解决了这个难题。

他到底是怎么做到的呢？答案是"依靠茶道"。

织田信长自己原本就痴迷于茶道，他通过用山或者城来交换茶器等茶道用具，成功地创造出了巨大的价值空间。说他一手创造了一种新的货币也不为过吧。

于是看到织田信长率先追求名品茶具的那些武将也纷纷效仿，争相追求名品茶具，于是茶具的价值就一路上涨到天文数字，甚至达到了一个茶碗可以兑换一块领地或者一座城池的地步。

就这样，织田信长达成所愿，不再受限于土地的零和博弈的有限性，简直像是炼金术一样创造出了新的价值。

"未被消费"的价值

值得玩味的事情是，以这样的背景催生而来的名品，到现在竟然还具有巨大的经济价值。

比如，2016 年 9 月 15 日的佳士得[8]拍卖会上，黑田家的油滴天目茶碗以 1170 万美元成交。需要注意的是，这个价格绝不是"消费的代价"。在这里我们可以看到跟桑巴特所指出的"丝绸衬衫"与"宏伟的大教堂"具有本质区别。

我们容易把商品的价格认为是"消费的代价"。但这是仅针对"文明的便利性"才成立的认知，对于"文化层面的意义"则并不适用。上述的油滴天目茶碗是大约八百年前制作出来的，能够保存到现在，也就意味着"没有被消费过"。这里面蕴含着一个解决从"环境负荷"的课题和"价值创造"的课题中进行取舍的难题的关键。

锡耶纳大教堂的钟楼建于 700 年前，油滴天目茶碗在 800 年前烧制而成，但这些文物在这几百年间并没有排放任何二氧化碳来破坏环境，反而是持续不断地给看到它们的人或者摸到它们的人带来发自内心的愉悦感。然而另一方面，生活在 21 世纪初的我们劳心劳力制作出来的东西，却在区区数年间就被人当作垃圾废弃掉。反思这样的现状，不禁让我脑海中涌现出一个疑问，我们人类真的是在进步吗？

让我来总结一下吧。

我认为，在一个达到了需求、空间、人口三个有限性的世界里，如果想要创造出巨大的经济价值，除了往"文化的价值"这个方向走别无出路。在一个文明化进程已经终结的世界里，比现在还要过度的文明并不会产生新的财富。

而"文化价值的创造"就没有这样的限制。因为意义的价值是没有有限性的。不仅以后还有可能创造无限的价值，而且这个价值是跟资源或者环境这样具有有限性的问题分开来的。

身处文明化进程已经结束的世界，如果说人们在生活中要追求的是自我满足式的喜悦，即文化层面的丰富性的话，那么接下来的价值创造就不得不从"文明的丰富性"转移到"文化的丰富性"上去。

劳动＋报酬＝活动

我们的活动如果从为了获得经济上的利益而进行的一种工具性手段，转变成因为该活动本身而获得喜悦的自我满足式的活动的话，那么我们社会上的"生产与消费""劳动与报酬"之间的关系也会发生很大的改变。

我们一般认为"先有生产、后有消费"，或者"先有劳动、后有报酬"。这完全是工具性的思维方式，是以各自的手段和目的成立的关系，时间上也有先后顺序。

然而在"高原社会"里，这种关系变得不那么明确了。因为从自我满足式的定义来看，"行为本身就是报酬"，所以"生产与消费"或者"劳动与报酬"就没有办法那么明确地区分开来整理。

我们容易把"劳动"和"游戏"当作完全相反的行为来看待，但是一件事情是有可能同时属于这两者的，关键在于我们如何看待事情的主体。医学博士养老孟司先生从很久之前就提倡让东京的工薪阶层每年进行一次参观交代[9]。也就是说让他们一年当中要有一定的时间到地方上去干点农活的

146

意思。

这样的说法可能会被现代日本人认为"在自由和民主的当今社会说这话是有点不合时宜吧"。没关系，我们同样的话跟法国人来说的话，他们就应该会回答的是"啊，度假呀？好棒哦"。

说到"干农活"，这的确属于"劳动"的范畴，但同样的行为如果说成是"园艺"就变成"游戏"了。这与钓鱼或者狩猎也是一样的，在过去的社会里完全属于"劳动"的事情，到了当今的社会就转变成了优雅的"游戏"了。

然而，过去只有贵族才有"闲暇"时间去做的研究、创作、写作、园艺、运动等活动，到了今天的社会上几乎都变成了可以产生某种经济价值的"劳动"了。

狩猎应该算是一个典型吧。过去狩猎是有可能丧命的残酷劳动，而在现代则变成最富有的那群人的嗜好了。在伦敦的考文特花园有一家名为 Rules 的餐厅，里面的各种肉食非常美味，如果你仔细看店里的野味菜单（通过狩猎得到的天然野生鸟兽），你就会看到上面写着"GAME（游戏）"的字眼。也就是说，过去的残酷劳动"狩猎"现如今被当作"GAME"来看待了。在当今世界，"劳动"与"游戏"的界限已经无效了，主要取决于我们如何看待事物的主体。

游戏和劳动一体化

游戏和劳动一体化的自我满足式经济已经在一部分的社会上得到显现了。我在上一本书《新人类时代》当中也有提出过，越是活跃在最前线的人，其"游戏与工作"的界限就越模糊。当然这其中也有"游戏本身能赚钱"的意思，但是更深层的含义是，它还包含着"工作本身变成一种报酬当场就发挥了它的功效并被回收回来了"的意思。劳动如果与报酬变成一体化了，那么劳动本身的概念也就发生了变化。这是人类史上具有革命性意义的一种转换吧。

以往我们对于劳动的认知是"通过辛苦劳动，获得与该劳动对等价值的报酬"，这是一种工具性的行为。然而在接下来的高原社会里，那样的劳动观将会被解体和废弃，游戏和劳动会变成浑然一体的自我满足式的行为。

我会提出这样的提案，是因为我感觉到现在这个时间点这已经成了一个重大的社会课题。1964 年，《纽约时报》请当时就已经颇负盛名的科幻作家艾萨克·阿西莫夫 [10] 写一篇预测稿，描述一下 50 年后，即 2014 年的世界博览会会变成什么模样。我只能说真不愧是青史留名的一位科幻小说家呀。阿西莫夫在他的预测稿中不仅描述了跟我们现代生活中的图灵机、扫地机器人、自动驾驶汽车等概念接近的东西，还描绘了诸如"由酵母和藻类制成的火鸡和牛排"这种以现代的技术水平也难以实现的东西，其高超的预见性真的是让人佩服得五体投地。

阿西莫夫罗列的清单，总体上来说是以科学和技术的进步带来便捷舒适的世界这样一个积极正面的基调来写的。唯独里面包含有一点担忧，会给今天的我们带来重大的启迪意义。那就是"无聊的蔓延"。根据阿西莫夫的预测，由于科技进步所有的工作都能自动化完成，大多数的人的工作就变成了一种"只需要监控机器就可以的单调作业"，能够从事与创造性工作有关的事情的，只有极少数的一部分精英。

阿西莫夫将这次的稿件用如下的一句话进行了总结。

我对于2014年能想到的最悲观的预测，就是"工作"这个词，在强制闲暇的社会里，"工作"这个词将会变成最耀眼的字眼！

艾萨克·阿西莫夫摘自《纽约时报》1964年8月16日的文章

我们对于"闲暇"这个词的认知，是根据与"劳动"的认知的相对位置关系而定的。"闲暇"一词本身并没有实质性的含义。因为它能够表达的意思无非只是在"不劳动的时间"里面进行的活动而已，其概念本身是中空的。理所当然地，如果说"劳动是我们不希望发生的事情"，那么"不劳动的时间"自然就变成了"我们渴望得到的时间"。

没有"劳动"的社会也就没有"闲暇"

不知为何，我们总是会对"闲暇"这个词感到某种浪漫或者奢侈的感觉，但是这种淡淡的感觉实际上是我们对于"劳动是辛苦的"这一认知的反向的认知假象。如果说"闲暇"的概念是"劳动"的概念反转而来的话，那么如果我们把"劳动"的概念转变为正面的、积极的东西，那么"闲暇"的概念就不得不被转变为负面的、消极的东西了。阿西莫夫就是想到了这一点，才会担心说在"被强制要求的闲暇"这种反乌托邦的社会里，"劳动成了最耀眼的东西"。

阿西莫夫所说的"被强制要求的闲暇"，在现代的我们看来就是"失业"。正如我在本书第一章中提到过的那样，如果在需求已经饱和的高原社会推进创新，那么必然会引发失业。

乍一听"没有劳动只有闲暇的世界"，可能很多人会觉得这是大多数人梦寐以求的天堂。但是，如果把这个状态换一句话来描述，"所有人都失业的世界"。恐怕就变成了前所未有的发展停滞的地狱了吧。相信在那样的世界里人们想要活得充实快乐应该是很难的事情。正如上文所说，因为"闲暇"和"劳动"是一正一反的两个相对概念，如果没有了"劳动"的社会，"闲暇"也就不复存在了。

更直白地总结一下就是，"只有闲暇的社会"是不可能存在的。我们之所以会把我们的活动按照"劳动"和"闲暇"这两个概念来划分整理，是因为我们的思维方式是以工具性的世界观为前提的，认为劳动就是辛苦的，劳动只是一种为了得到"不用劳动的时间，也就是闲暇"而不得已的一种手段而已。

然而，在高原社会的劳动观念里面，劳动本身作为报酬被主体回收，从这一点来看是与过去完全不一样的。在这样的世界里面"劳动与报酬"，或者说"生产与消费"会整体互相融合，我们的思维方式也会从"为了将来的美好，现在就辛苦一点努力吧"这种工具性的想法，转变成"为了让当下这一瞬间感到充实而活在当下"这样的自我满足式的想法。

自我满足与自己的世界

我们的"工作"如果从"为了明天的美好而忍受今天的辛劳"这样的工具性思维和行动方式，转变为"为了今天的充实而全身心投入工作当中去"的这种自我满足式的方式，那么我们每个人的创造力也会得到蓬勃发展吧。在这里让我引用积极心理学的创始人之一、出生于匈牙利的美国心理学家米哈里·希斯赞特米哈伊的论点来思考一下吧。

一个人在最大限度地发挥自己所拥有的创造性、感觉到人生的充实感的时候是什么样的情景呢？

这是希斯赞特米哈伊研究时想要弄清楚的"论点"。希斯赞特米哈伊在演讲时说，在他的祖国匈牙利，人们在"二战"后的荒废之中丧失了生活的充实感，整个社会陷入了失望与不幸的谷底，看到这样的现状让他不禁产生了上述这个疑问。

希斯赞特米哈伊为了回答这个问题，采用了非常朴素的研究方法。就是找到一些通过工作取得巨大成功，在全世界取得很好的名声的人，如艺术家、音乐家、作家、研究人员、外科医生、企业经营者、运动员、国际象棋选手，等等，逐一进行采访。

在这个采访的过程中，希斯赞特米哈伊注意到一件事情。那就是领域不同的高级专家们，在描述各自最投入工作的状态时，常常都会用到一个词"心流"。于是希斯赞特米哈伊就直接引用了这些专家们用的这个词语总结出了一套自己的假说，也就是后来广为人知的"心流理论"。

根据希斯赞特米哈伊的理论，处于"心流状态"下，也就是进入了"自己的世界"之后，会发生以下9种现象：

1. 过程的每一个阶段都有明确的目标。

2. 行动马上会得到反馈。

3. 挑战与能力相匹配。

4. 行为与意识相融合。

5. 不会因其他事情导致分心。

6. 不会因害怕失败而惴惴不安。

7. 自我意识消失。

8. 时间的概念消失。

9. 活动与目的一体化。

相信您读到这儿已经懂了吧。没错，自我满足的状态，就跟希斯赞特米哈伊所说的"心流状态"几乎是同义词。如果说人类当中发挥了最高度的创造力的人物，在最投入工作的时候是进入自我满足式的状态的话，那么那些担心从"为了未来牺牲当下"的工具性思维和行动方式，转变为"享受活在当下"的自我满足式的方式之后，会不会让社会缺乏活力而陷入自甘堕落的境地，就是杞人忧天，事实上正好相反。

希斯赞特米哈伊写道：

创造性的人在各个方面都各有不同，但是他们有一点共同的意见。那就是他们对于自己的工作都抱有强烈的热爱之情。能够让他们为之奋斗的，不是因为渴望收获名声或者得到金钱，而是有机会从工作当中获得快乐这件事情本身。

雅各布·拉比诺是这么说的："人之所以发明东西，是因为发明这件事情很有趣。我并不是想着'要怎么做才能赚钱'之类的才开始工作的。确实，世界如此残酷，金钱是很重要的。但是对于我自己来说如果非要让我在快乐和赚钱两者之间选择一个的话，我应该会选择快乐吧。"

小说家纳吉布·马哈福兹则用了一种更为优雅的口吻同意上述观点。"比起因为工作而得到的东西来说，我更喜欢工作本身。跟结果没有关系，就是喜欢全身心投入工作。"在我实施的这些采访当中，我发现所有人都有与之完全相同的对工作的热爱。

米哈里·希斯赞特米哈伊《创造力》

拉比诺也好，马哈福兹也好，他们身上所共通的一点是，"比起通过工作得到什么来说，工作本身才是回报"。而根据希斯赞特米哈伊的观察，这一点才是"接受采访的所有具有创造力的人身上唯一的共通点（画重点）"。

从希斯赞特米哈伊所做的一系列有关创造性的研究来看，总觉得我们人类身上好像安装有某种生理程序，能够让我们在发挥最高的创造力的状态下感受到"身体的快乐"。

"幸福感受力"正在被消磨

希斯赞特米哈伊从进化的角度来说明了他的假说。

假设你是创世主，将要在地球上创造新的生命。先要设定好许许多多的困境，比如，火山爆发或者海啸来袭，等等，然后要给这些新生命能够处理和应对这些困境的身体及精神上的能力。但是没有办法预设好所有的困境（可能真的创世主可以预设全部吧，这里我们就当作做不到好了）。因此，这里就需要不仅仅给新生命输入已经确认了有效性的方式方法，还需要在他们的身体里安装上一种能够通过各种各样新方法的试错行为感知到"快感"的程序，以此提升他们想到更多崭新的想法或者行动方案来解决问题的可能性。

也就是说，在这个假说里面，"发挥创造性""全身心投入"是伴随着身体的快乐而来的一种特性，拥有这种特性的个体会在生存和繁殖的时候更具竞争力。

如果我们现在没法感受到沉浸在"此时此刻"的快感，即没有处于一种自我满足式的状态下的话，也就意味着我们没有办法充分发挥自己的创造力和生产力。

换句话说，我们的"幸福感受力"是提升我们的创造力和生产力的关键所在。而希斯赞特米哈伊感慨的是，这种感受力正在被大多数人慢慢消磨殆尽。

令人惊讶的是，大多数人对自己的感受知之甚少。自己是否曾经感受过幸福？如果有的话，那是什么时候发生在哪里的事情？有些人连这些问题都无法回答清楚。他们的人生就在毫无特征的经历中随波逐流，在漠不关心的迷雾中作为几乎无法被识别的个体而逐渐老去。

与这种慢性的漠不关心的状态形成对照的是，创造性的人们的行为往往与自己的情感变化有着极其密切的联系。他们永远能够理解自己的行为背后的理由。对于痛苦或者无聊、喜悦、兴趣以及其他感情都非常敏感。一旦感知到无聊了，就会赶快收拾好行李离开，一旦感兴趣了，也能迅速投入进去。

米哈里·希斯赞特米哈伊《创造力》

许多人把创造力当作是"与认知有关的能力"。因此会像"某某思想"一样，按照"认知或思考的技术"来整理和解释。但是我们看完希斯赞特米哈伊的说法之后就能发现，其实创造力是"跟情感有关的能力"。

具有创造力的人通常都有丰富的"幸福感受力"，有意愿去参与自己感兴趣的或者喜爱的事情，然而当工作中感觉到无聊的时候也会"迅速收拾包袱走人"。像这样的行动在日本通常被当作典型的"任性"而遭到批判，但是按照希斯赞特米哈伊的理解，这样的思维方式和行动方式，才是有创造力的人们身上共通的"唯一特征"。

然而，回首一下日本的状况，我们能够发现好多人都在一边抱怨工作"无聊、没劲"，一边既没有去找新工作，也没有准备在现有的工作岗位做出创造性的贡献，只是在日复一日的平平无奇中度过这无法重来的一生。我想这就是我们在实现高原社会的过程中最大的一个课题。

九成以上的人都在浪费这无法重来的人生

正如本书的第一章中指出的那样，我们的社会已经打完了这个消除普遍存在的物质层面的课题的游戏。非要去参与到一个已经结束的游戏里面，无法获得充实感是理所当然的事情。但是不知道为什么，从各种统计结果来看，还是有非常多的人一边抱怨着"好无聊、好没劲"，一边又持续不断地参与到这个已经结束了的游戏当中来。

比如，我在上一本书《新人类时代》当中也有介绍过，根据美国最大的员工意识调查公司盖洛普（Gallup）的数据，回答"对自己的工作持积极态度"的员工人数，在全球范围的平均率为15%。

这个结果本身已经是足以让人震惊的数字了。更为糟糕的数字出现在日本，居然只有6%。我们都知道通常做这样的调查整体上来说日本的分数就会比较低，但是看到分值低成这样，只怕不得不承认"肯定是哪里出了问题"。如果是希斯赞特米哈伊采访的那些具有创造力的人的话，相信肯定早早地收拾好包袱走人了吧。但是我们有超过90%的人都在浪费着这无法重来的人生。这实在是太让人感到悲哀的状况了，所以我才说这是我们的"社会课题"。

我们想要把高原社会里的劳动，从过去那种工具性的行为转变成自我满足式的行为，关键在于"幸福感受力"。由于我们有太长时间在学校或者职场都被人洗脑说"只要忍受住当下的辛苦，将来就会变好的"，所以我们对于"当下这一瞬间的幸福"的感受能力就明显被磨灭了。

为什么这么说呢，因为那种"感受力的敏锐性"是由一瞬间的"想要从这种无聊的状况中逃离"的冲动所引起的，而这种被冲动驱使的行动背后，往往又被严厉的惩罚机制所束缚着。

其结果是，我们学会了剪断给"幸福感受力"的天线通电的线路，变成一个顺从规则的机器人，这样可以得到利益的最大化。如果不恢复这种感受力，想要恢复到自我满足式的状态是不可能的。

多多尝试

到这里为止，我提出了一个高原社会的愿景，那就是所有人都正面自己的喜怒哀乐，投身于自己真正能够为之着迷的工作中去，通过工作本身收获喜悦和趣味，把它当作工作的报酬来回收。

我想，针对这样的提案，可能有的人会有些疑惑，"那样的社会确实很美好，但是想想我自己，感觉我根本不知道自己会对什么样的事情感到着迷"。

确实，不管我们的幸福感受力恢复了多少，对于我们从来没有做过的事情，我们是没有办法预知自己是否能够沉迷其中的。那么，我们要怎样做才能找到让自己为之着迷的事情呢？

答案只有一个。

不管怎样什么都试试看。

就这么简单。我的朋友石川善树先生是个预防医学家。据说他在哈佛大学留学的时候，由于自己的兴趣爱好太过于广泛而不知道自己该从什么地方以什么优先顺序着手自己想做的事情。最后他去找了自己的导师，导师给了他以下这个建议："有兴趣的事情，全都去做。没有兴趣的事情，也全部都要去做。"确实是个非常强有力的建议，换句话来说其实就是在告诉他"不管怎样，什么都去试试看"的意思。

由于我们之前一直沉浸于"为了将来而把现在当作一种手段"的这种工具性思维模式里面，因此容易认为不走岔道、以最短距离直达终点才是"正确的人生走向"。但是，如果我们在那样的人生设计图中，把一切被认为是无用功的行为都排除在外，日复一日地走在一条路上，就很有可能会把那些也许有机会让我们偶遇"能让自己沉迷其中的活动"的机会也排除在外了。被这样的劳动观所支配的今天，我们的"生活"变成了一种难以生存、像充满杀戮气息的竞技场。无论如何我们都不能把这样的风气带到即将到来的高原社会当中去。

尤其是在日本，我觉得问题在于"成功人士的典范形象"太缺乏多样性，"成功"的概念范围太过于狭窄，大家都排列在一条线上拥挤不堪，互相竞争优劣顺序。我说的这个"狭窄的成功人士形象"，就比如"从名牌大学毕业之后到名牌企业上班，兢兢业业工作提高年薪，住在首都市中心的高级公寓，外出时有高级外国车代步"的这种生活模式。如果大家都在强迫自己实现这样的人生目标，那么只要无法帮助实现这样的目标的活动就全部都会被当作是"无用功"而被抛弃掉，从结果上来看就很有可能会从本质意义上错失了"找到更加丰富的、符合自己特征的人生"的机会。

"浪费"或者"无用功"对于人生而言也是必要的

第一个成功跨越大西洋的无着陆单人飞行者查尔斯·奥古斯都·林德伯格的妻子、身为女性飞行家活跃在这一领域的安妮·默洛·林德伯格，在她精彩的旅行随笔中曾经留下了这样一句话：

想要找到人生目标，就必须先去浪费人生。

她的随笔当中随处可见散发着柔美光线的宝石般的字句，而上面这句话可以说是其中的珠玉般的至理名言了。我们对于"浪费"或者"无用功"这样的字眼总是抱有负面的印象。而林德伯格太太说，这种"浪费"，才是我们寻找属于自己的人生所必需的东西。因为"人生"并不能通过理性的、可预见性的、有效率的方式去寻找到。

我们也没有办法提前预知自己将会对什么样的事情感到着迷。因为着迷是一种心理状态，是不能用理智预测的。正如希斯赞特米哈伊所说的那样，大多数人活了一辈子都没有找到能让自己着迷的事情，要说为什么这件事情那么难，那是因为令人着迷的事情是不管你在脑子里考虑多久都不会有结果的，必须通过各种各样的尝试之后，通过把握自己的内心感受才能真正抓住它。这与我们通常听到"知性"这个词所想象到的"根据已有知识进行判断事物的思维能力"有很大的不同，我们需要的是"通过身体力行之后的内心感受来判别的能力"。

自己到底会对什么事情着迷，不去试试看是不会知道的。哪怕那些尝试"根本没有起到作用"，但是只有在浪费了许多的时间和精力之后，我们才能找到自己的人生。对于林德伯格太太的这个观点，有许多的关于职业论的研究也为其提供了理论支撑。

促成职业选择的契机是什么

从结果上来看那些成功了的人究竟是做了什么样的职业

规划，又是怎么样执行的呢?

最初就这个论点进行认真研究的是斯坦福大学的教育学和心理学教授约翰·D.克虏伯。他以美国的数百位商人为对象进行调查，发现最后取得成功的人士当中，有80%的人是"偶然"间选择了自己的职业的。这并不是说他们当中有80%的人原先没有自己的职业规划，而是说他们的人生并没有按照规划的轨迹发展，经过无数个偶然的重叠，最终结果是走到了世人认为的"成功人士"的位置。

克虏伯在这个调查结果的基础上得出一个观点，他认为既然职业选择是偶发行为决定的，那么设定中长期的目标进行努力反而是危险的，我们的努力应该放在那些为了将来能够遇到"好的偶然事件"的计划和习惯上面。他把这种论点总结成"计划性巧合理论"。

根据克虏伯的理论，我们的职业并不是能够实现计划周全的，而是被无法预知的偶发性事件来决定的。

那么为了能够遇到跟自己的职业形成有关的"好的偶然事件"，需要满足什么样的条件呢?

首先让我摘录几个计划性巧合理论的提倡者——克虏伯所认为的几个重点吧:

● 好奇心，不仅局限于自己的专业领域，而是将视野拓展到各个领域，通过感兴趣来增加接触不同职业的机会。

● 有韧性，即使一开始进展不顺利也能充满韧性地坚持下去，这样偶然事件、偶遇的概率就会提高，得到新的发展的可能性就会增加。

● 灵活性，总是能够随机应变。即使是已经决定好的事情也能够根据不同情况灵活做出反应，这样才能抓住机会。

● 乐观性，哪怕身处不顺心的逆境或者遭遇变动，也把它当作是一种潜在的成长机会，积极去面对，借此拓宽职业的道路。

● 勇于承担风险。挑战未知的事情时会失败或者进展不顺利是理所当然的。积极地去冒险可以帮助得到更多机会。

把克虏伯的这种观点和上述林德伯格的观点汇总在一起来看就能发现，我们想要找到真正属于自己的人生，那些看起来像是"浪费时间的无用功"，也是需要我们积极地去参与的。

将克虏伯的研究成果与日本当前的就业状况进行比较，就会有一个重大的问题要浮出水面了。请看图 15。这是主要发达国家按连续工作年限划分的劳动人口构成比的汇总。

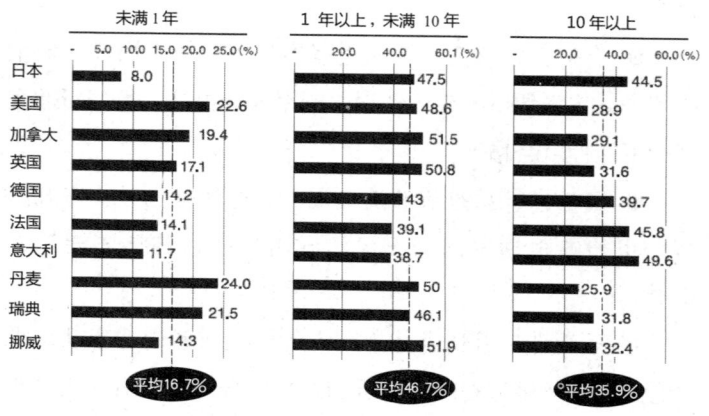

图 15　主要发达国家不同连续工作年限的劳动人口构成比

　　结果一目了然，日本的"未满 1 年"的构成比，比平均值还要低很多。简单来说这就说明日本具有"一旦进入某个公司工作就有长期在岗的倾向"。可能对于那些被"一心一意""多年的媳妇熬成婆"等过去的价值观所束缚的人来说，这样的状况也许是比较令人高兴的事情。但是如果我们从"各种尝试来找到自己的人生"这个层面来考虑的话，这样的观念会成为一个很重大的阻碍因素。

　　尤其是接下来我们要迎来"百岁人生的时代"，大多数人在一辈子当中不得不经历数次的职业转变，因此自己会对什么样的活动感到着迷，或者反过来说会对什么样的活动毫无兴趣，都需要进行各种各样的尝试才能掌握清楚，只有经过各种各样的尝试，我们的人生才能变得更加丰富多彩。

工具性思维往往带来悲剧

也许有的人会感到一种隐忧，就是当社会上的人们的行动方式和思考方式都从工具性的转变成自我满足式的之后，是否会导致社会停滞不前呢？嗯，要是以下这种思路进行推论的话似乎也有一定的道理：人的生产力之所以会提高是因为"为了将来而牺牲现在去努力拼搏"，如果让未来和现在都消失、让自己活在当下，享受"此时、此地"的愉悦和冲动的话，那么应该会招来毫无生机、自甘堕落的社会吧。

但是，我对这样的担心只想强有力的回复一句"不会"。为什么这么肯定？因为自古至今，还没有一个组织或者个人是通过"为了未来而牺牲现在"这种思维方式成功地创造了巨大的价值的。

不对，我这样说也不太确切。不是没有成功，相反我们应该说是"为了未来而牺牲现在"这类的思维方式，正是造成无数人间悲剧的原因。

20 世纪是比以往任何一个世纪都更加"人祸横行"的时代。那些杀戮的背后总是隐藏着"为了将来把现在当作一种手段"的这种"工具性"的思想。

在日本的高度经济增长期中水俣病等成为很大的社会问题的公害也是一样的。1956 年日本大体上已经明确了引起严重悲惨症状的水俣病的原因，是由于新日本氮肥工厂的废液导致的，1959年日本厚生大臣在国会上作报告时曾明确指出"造成水俣病的原因在于新日本氮肥水俣工厂所排出的有机汞化合物"。有人说如果当时工厂马上停止生产的话，患者数量就会控制在几分之一以内，然而当时并没有立即采取措施。

为什么呢？

因为针对厚生大臣的发言，在次日进行的内阁会议上，时任通产大臣的池田勇人却提出反驳观点，认为"断定水俣病的原因在于新日本氮肥工厂的废水还为时过早"，让工厂停业这件事情就因为强有力的政治决策而被暂停了。

之后花费了长达10年的时间，才让新日本氮肥水俣工厂于1969年正式停产，在这期间含有有机汞的废液就这样持续不断地流向了水俣湾。在这件事情的背后也横亘着"为了更美好的将来而牺牲现在"的思维模式。

相信大家对池田政权的宣传标语"所得倍增计划"还记忆犹新吧，这个政策的基础在于"将人口从农村往工业地带转移"，而这个计划的背后离不开"通过化学肥料提升农业生产力"。

也就是说，池田勇人之所以会在几乎可以确信是由于工厂废水造成的问题的情况下，还以"下定论为时尚早"为由反对立刻让工厂停产，就是因为他认为对于实现"所得倍增计划"而言，"若干的牺牲也是没有办法的事情"。这里可以再一次让我们看出，为了将来而牺牲我们人类这仅有一次的"生的尊严"，这种"工具性的"思维方式才是造成无法挽回的人间悲剧的真正原因。

阻碍冲动的是什么

> "让小孩子到我这里来，不要禁止他们。因为在神国的、正是这样的人。我实在告诉你们，凡要承受神国的、若不像小孩子，断不能进去。"于是抱着小孩子、给他们按手、为他们祝福。

《马可福音》10.13

在思考根植于人性深处的冲动能否成为高原上的经济活动时，我认为可能的最大阻碍因素，是我们无形之中束缚着自己的行为规范。想要靠冲动驱使自己，就要先认识到压制着自己内心的规范是什么，让自己暂时从里面解放出来，同时还要思考如何能够不突破社会规范的范畴，这样真的可能吗？

日本昭和时代的代表性思想家之一的吉本隆明在其代表作《共同幻想论》当中，介绍了从柳田国男的《远野物语拾遗》（1935年）一书中引用的以下这两个故事：

1. 孩子们把村里的马头观音像抱出了寺庙，时而翻滚时而骑在上头。别当（佛教职位）看到之后对孩子们进行了叱责，结果当天晚上别当就生病了。问了巫女才知道，原来是因为观音菩萨好不容易有一次机会跟孩子们开心玩耍，他却多管闲事地进行了阻挠，因此才生的病。所以别当道歉之后病就好了。

2. 远野的某个佛堂里头有尊古老的佛像，小孩子们把它当作马来骑着玩，附近的男人看到之后叱责了孩子们，说他们对神灵不敬。当天晚上这个男人就开始发烧生病了。枕神现身说好不容易跟小孩子们玩得很愉快，却被他叱责一顿实在让人讨厌，于是他赶紧拜托巫女转达自己今后一定会注意言行的，于是他的病就好了。

我想读完了这两个故事，每一位读者心中都会涌现一种难以名状的独特感受吧。吉本隆明用他自己独创的"对幻想论"对这些故事进行了分析，我们先来看看刚才所说的"行动与规范"之间的关系吧。

吉本隆明只引用了《远野物语拾遗》中的这两个故事，实际上在《远野物语拾遗》当中类似的故事竟然有 5 个之多。

故事的核心都是一样的，整体的框架一定是：孩子们拿出一些"需要敬畏的东西"，如刚才的故事当中的观音像或者佛像，然后有个大人发现之后对他们进行叱责。如果按照社会上的一般规范来看的话这个大人应该是做了"好事"，然而不可思议的是，叱责孩子的大人不久就会遭到惩罚，生病发高烧。不明所以的大人不明白自己究竟做错了什么，然后在发烧烧到迷糊之际，就会看到枕神或者巫女等超出三界的通灵之人来告诉他，是因为他妨碍了"需要敬畏的东西与孩子们的嬉戏"，然后大人对此进行道歉就立马病愈，惩罚解除。

民间传说与"重要的忠告"的共同项

那么这个故事究竟在说什么呢？有些读者可能认为这只是一个荒诞无稽的民间传说，没有什么深刻的意义吧，要是这样想就大错特错了。其实，就像我刚刚向各位读者讲述的这个故事一样，这些民间传说是被无数代人口口相传留下来的，可以说是经过了"民间传说的自然淘汰"的过程而幸存下来的东西。而且，这不单单是一个故事，一样性质的故事还流传下来好几个。

对此我们不得不思考的是，这里头其实包含着构成日本文化基础的某些价值观和思想禁忌，更通俗一点来讲就是，我们应该认为这里面包含着一个"重要的忠告"。

在说这个忠告是什么之前，让我先插一个别的话题，话说第二次世界大战的时候，曾在日本指挥情报活动的苏联情报人员理查德·佐尔格[11]在奔赴日本之前，首先收集了"日本神话"，试图通过阅读这些神话了解日本人的精神结构。

英国大使巴夏礼[12]也做了同样的事情，因为从事外交活动，仅仅是循规蹈矩办事，这种"普通手段"是无法完成任务的。这时他们就会通过阅读这个国家的文化基础上构建起来的神话，来加深对他们的对手精神层面的理解。

伪善的规范才是一种障碍

话说回来，那么上述两则故事究竟向我们传递了怎样的信息呢？

我想这背后可以有很多种解释，也不会有唯一的正确答案。在这里我认为它告诉我们的是"无邪的冲动被伪善者认为威胁的危险性"。孩子们把佛像或者观音像拿出去玩就是一种"无邪的冲动"。如果用之前的话来说就是自我满足式的东西，在这种行为里面完全看不到任何的功利性或者手段式的目的。而且神灵也对于这样能够和"无邪清净的冲动"一起嬉戏感觉到愉快。没错，您也想起了《神的孩子全跳舞》了吧。

然而，对此行为进行苛责的大人们却是秉持着"佛像是庄严肃穆的，观音菩萨是用来膜拜的"这种人世间的规范或观念对孩子们加以叱责。乍一看大人做出这种举动可能是因为对神灵的敬畏之情，但是仔细想想真的是这样吗？

如果说大人们在给孩子们施加"神佛是要敬畏和膜拜的"这种规范的枷锁时，其行为的背后是在期待着某种愿望能够灵验或者获得某种评价，也就是包含着前文所述的"工具性的意图"的话，那么这种伪善的规范才是真正的邪恶。

我觉得这些故事想要给后世传递的信息是，假如我们把无意识的工具性行为比作地下看不见的树根，而行为规范和观念比作地面上可以看到的树枝和树叶，那么当一个人没有意识到自己内心埋藏着的工具性意图，而把地面上看得见的行为规范和观念正当化使用，借此来叱责那些因为自我满足式的冲动而与神佛嬉戏的清净无邪的孩子们，那么将来是不是所有的"邪恶的工具性规范"都会把"无邪的自我满足式的冲动"给驱除出去呢？

在刚才介绍的故事当中，观音菩萨和佛像分别用了"多管闲事"和"让人讨厌"这样的表达方式，我觉得这个非常有意思。神灵们并没有使用"做错了"或者"做得不对"等说教的词汇。而是完全像个小混混表达自己的不满时说的"老子看你不爽"那种调调，某种程度上来说是非常不讲理的行为。但我认为这种"不讲理"的背后也是有很深的含义的。

我们常说"叱责"和"怒骂"是不一样的，就是通常我们认为冷静地进行"叱责"是好的，但是如果带着情绪的"怒骂"则是不对的。这么说来这里的神佛就毫无疑问属于"生气地怒骂"了。就像是那些干净无邪的孩子们的游戏被打乱之后的气鼓鼓的表情一样，神佛们也是一副气鼓鼓的样子。哦，多么可爱的神哪！

"名为创造的游戏"

关于自我满足式的冲动与工具性的规范之间的冲突，尼采曾经发表过有趣的言论。根据尼采的说法，我们的精神是按照"骆驼""狮子"和"孩子"的顺序来发展的。

> 我向你们说出精神的三种变形：精神如何变成骆驼，骆驼如何变成狮子，最后狮子如何变成小孩儿。
>
> 尼采《查拉图斯特拉如是说》

按照之前的描述来说明，骆驼就相当于是对工具性规范完全无批判地执行的人。骆驼遵守行为规范，背负重重的行李，一开始是喜悦的，但是后来骆驼为了获得自由而开始战斗，变身成狮子。狮子要跟曾经自己还是骆驼的时候的支配者——一条巨龙进行战斗。这个龙的名字叫作"你应该"。

> 精神不再喜欢称为主人和上帝的那条巨龙是什么呢？那条巨龙叫作"你应该"。
>
> 尼采《查拉图斯特拉如是说》

盲目服从规范，并不需要什么努力，但是如果想要对抗社会给我们施加的无意义的规则枷锁，就需要精神上的强有力的反抗。这种反抗精神被尼采用"狮子"这个形象来做了隐喻。对于过去被当作神圣的"你应当"这条龙的命令，狮子咆哮着喊出了"我要"来进行反抗。

但是也有连狮子都做不到的事情，那就是"创造和游戏"。

> 可是，你们说呀，我的兄弟们，小孩儿还能不能做连狮子都不能做的事情呢？猛兽狮子为何还不得不变成小孩儿呢？小孩儿是无辜与遗忘，一个新的开端，一场游戏，一个自转的轮子，一个最初的运动，一个神圣的肯定。
>
> 尼采《查拉图斯特拉如是说》

小孩子不会变成观念的俘虏。他们不会判断正邪善恶，只是会对这世上彼时彼刻的自我满足式的一切冲动加以肯定。

我们的社会当中有许多把"基于人性深处的自我满足式的行动"当作禁忌的行为规范。然而我们重新回头想一想，这个世界上还有比孩子们从佛堂中取出佛像，在阳光下穿过守护者森林进行玩耍更加美丽和神圣的样子吗？这正是"地球上出现的神的天国"的模样啊。

然而已经变成了观念的俘虏的人们是无法感受到这个光景的"美"的。对于他们来说，眼里只能看到"违反了规则"的场景。而且他们并不会意识到这个规则其实是为了他们自己的"灵验"而做出来的。

我们如果希望将来的经济往根植于人性身处的自我满足式的方向去发展，就必须要在与各种各样的社会规范之间的冲突之间做出调整。在考察这些冲突的时候，非常重要的事情是要分清楚，这些规范是真的有意义的东西，还是其背后还隐藏着工具性意图的毫无意义的东西。

倡议 2：对于真心想要支持的事物投入金钱

　　最后，经济将以稳定状态经济为目标，变成小规模社会主义、小规模资本主义和直接的物物交换互相混杂在一起的经济形态。应该会诞生保存者社会而非消费者社会，尽可能避免资源浪费，尽可能实现区域自给自足。几乎没有人把获得利益当作一种目的。对于其他人或者自然资源，也不是以剥削或者牟利为出发点，而是以和谐的心态来对待。

　　　　莫里斯·伯曼《从笛卡儿到贝特森——世界的再魔术化》

价值链的极限

　　当高原社会中的"劳动"，从以往的"辛苦的劳役"变成"活动本身所带来的愉悦或感官享受就是报酬，可以立即回收的活动"时，"消费"或"购买"的定位也会发生很大的改变吧。如果把结论提前说出来，就是"劳动与生产"与会"购买和消费"融为一体，生成一个全新的社会体系。

以前我们的认知当中，"生产"过后会有跟"生产"完全分开的"购买""消费"等活动，这样才构成了我们的经济活动。也就是图 16 的左侧这种认知方式。"劳动或生产"之后"购买或消费"才阶段性地以时间顺序出现，也就是通常所说的价值链的思维模式。但是我认为这样的"生产"和"消费"断开的构造，是造成当下社会竞争激烈的一个重要因素。

以往的价值体系——价值链

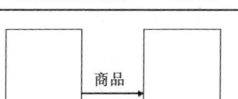

商品

生产者　　顾客

金钱

生产者与顾客是分离的，
顾客付完钱后两者之间就两清了，
顾客支付的金钱会成为下一次生产的资源。

今后的价值体系——价值循环

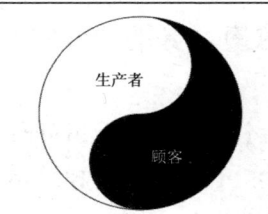

生产者

顾客

生产者与顾客是相关联的，
顾客除了金钱还给生产者精神上的支援，
生产者把得到的金钱＋精神层面获得的能量当
作下一次生产的资源。

图 16　价值创造体系的变革

说到底，我们通过劳动之后获得的最高纯度的报酬是什么呢？应该是看到有人因为自己的劳动成果而喜悦吧。也许很多人认为是通过劳动获得对等价值的"金钱上的回报"吧，但是我们的社会为什么会变成这样不健全的状况呢？就是因为我们当前的社会构造无法让我们直接看到有人因为自己创造的价值而感到喜悦的模样。

我们无法鼓励人去从事无法感觉到喜悦的活动……于是没办法，就用给金钱上的报酬这种凑合的方式让彼此接受现状，这种模式在20世纪也确实符合当时的实情，并且发挥了作用。毕竟当时物资上的匮乏感在社会上蔓延，得到经济上的回报就可以立即提升生活水平，还能促进幸福的真实体验。然而正如本书一再强调的那样，我们已经解决了这个社会上的物质层面不足的问题，这样的模式就显得不健全了。

恢复"劳动的喜悦"

金钱相关的事情用英语来表达叫作"Finance（财政、资金）"，这里的"Fi"跟"Final（最后）"的"Fi"是一样的，在拉丁语当中都是"结束"的意思。付完钱就跟他人的关系结束了、两清了的意思。

如果将创造价值的劳动过程细分化，个体劳动的技能就会提高，生产力也会跟着提高。亚当·斯密[13]在他的著作《国富论》当中第一次把这种"分工"的概念介绍给了这个社会。在这本书一开头就写到了斯密通过在扣针工厂的思考来说明了分工作业如何能够提升生产力。然后实际情况也正如斯密预想的那样，这种生产模式普及之后生产力得到飞跃性的提升，并且开启了工业革命的道路。但是与此同时，斯密的这种生产模式的普及，也极大地损毁了人们从劳动中获得的喜悦。

斯密在这本书中写道，通过分工迫使工人无休止地做低于他们能力水平的工作，会导致这些劳动者"变得愚蠢、无知、精神麻痹。他们将失去理性的能力和情感方面的能力，最终连肉体的活力都会失去而逐渐腐坏"（来自《国富论》第5卷第1章）。斯密这里说的"失去情感方面的能力"，不禁让我想起前一节介绍过的希斯赞特米哈伊所说的"情感感受力正在被大多数的人慢慢消磨殆尽"。

这样的状态也是企业或者组织的竞争力被损毁的重要原因。如今，多数的企业的人才激励政策已经成为重要的经营资源。在物质层面的不足问题被解决了之后，即使再增加薪酬回报，员工的生活水准或者幸福感也不会进一步提升，这是任何人都能看明白的事实。既然如此激励政策变得尤为重要也是理所当然的吧。

我们正在迎来的高原社会，物质层面的不足问题就不说了，精神层面的孤立或者精神方面的饥渴才是很大的问题。在这样的社会当中去扩大"生产者"和"消费者"的接触面积，让两者之间形成"可以互相看到彼此"的关系，应该会成为恢复"劳动带来的喜悦感"的过程中的重要课题吧。

如果这样的关系可以在社会的许多方面得以恢复，那么与此同时"对于消费者来说的喜悦"也会得到很大的提升。

构建一种生产者和消费者能互相看到彼此的关系

这是怎么一回事呢?

如方才所述,如果生产者和消费者之间可以互相看到彼此,那么生产者就能看到消费者因为自己生产的东西而感到喜悦的脸色,并为此也感到喜悦。然后,并不仅仅如此。实际上与此同时,看到生产者愉悦的表情,对于消费者来说也是一件赏心乐事。然后对于旁观者来说,看到拥有这样的关系的生产者和消费者,也应该是一件愉快的事情吧。就像是愉悦变成了一种回声不断延伸开去。

在现在的隔断社会里面,最容易让人理解这种关系如何成立的例子就是餐馆和常客的关系。对于主厨来说,自己的劳动当中可以收获的最大的喜悦,并不是客人支付了多少餐费,而是在桌子上就餐的顾客们嘴上说出的"真好吃!"的夸赞之声,以及他们脸上如花般的笑颜吧。然后对于常客来说,他们的一句"真好吃!"传到主厨耳朵时,主厨脸上露出的喜悦笑容也同时会让食客自己感到消费的喜悦。最终这一场交易会以顾客支付餐费而结束,但是这时被支付的金钱,与其说是为了"通过对等价值的交换来让彼此的关系两清",倒不如说是作为"感谢款待的心意",或者甚至可以使它变成一种包含着"赠予"的内涵的东西。

哲学和思想的世界中"赠予"和"交换"常常处于对立

面，让我们来梳理和考验一下这两个概念吧。如果把它们当作一种语言游戏来看的话倒是挺刺激有趣的，但是根据之前的考验结果，我们知道对于社会上的交易往来来说，这两者之间是一种连续的渐变的，并不能够区分得那么清楚。

原本"等价交换"这个词就是一个自相矛盾的概念。既然交易一定会需要某种成本，那么"等价"的话就没有了交换的动机。"交换"是需要"被交换的物品"上面加上"价值的差额"的，如果没有就不会有动力进行交换。而主体所获得的"价值"，如果可以通过"物品"所获得的效用而被合理化，那么也可以通过交换这一种"从行为本身获得喜悦"的"行为"所获得的效用而被合理化。然后对于生产者而言，从消费者处获得的经济上的报酬和精神上的报酬，就会变成下一次生产的资源，成为生产活动的驱动力。

从价值链到价值循环

这样的一个体系，与之前所述的价值链进行对比，就可以用价值循环来表现。作为顾客的消费者所获取的效用，直接可以成为生产者用于下一次的生产的资源，形成一个无限的循环。

把这个概念用图示的方式画出来就是图16的右侧这个图。相信大家可以从图中看出，价值链体系当中的"购买及消费"的前面是一个什么都没有的死胡同，而与之相对的，新的体系当中，"购买及消费"能够给"劳动及生产"赋能，是一个开放式的循环。因此我想把这种替代价值链的新的体系命名为"价值循环"。

在价值循环当中，消费者的概念已经不同于往常，不再是单纯的"消费的人"了。他们对于所谓的"劳动者及生产者"来说，是提供劳动和生产所需的经济上及精神上的能量的"资源"。

在19世纪就提出了这样的"生产者"和"消费者"之间的关系构想的，是前文曾经提到的卡尔·马克思[14]。马克思在他初期的书稿中有如下记述：

在你享受或使用我的产品时，我直接享受到的是：既意识到我的劳动满足了人的需要，从而物化了人的本质，又创造了与另一个人的本质的需要相符合的物品。

摘自马克思和恩格斯的《马克思恩格斯全集》

在这样的社会当中"消费"或者"购买"并不是我们现在认为的那种消极的东西，而应该说是更接近"赠予"或者"支援"的东西。这种关系就像是艺术家和他们的赞助人之间的关系。也就是说，社会上既有为了生产出某种价值而活跃的人，也有人单纯是为了支持这些人的活动，对于他们所产生的价值尽可能地给出"更多的"代价，即以半是购买半是馈赠的方式给他们提供资源。

"有责任的消费"和"赠予"的关系

在这里"有责任的消费"这一概念就要浮出水面了。这是什么意思呢？

在资本主义世界中，人们可以自由地花费自己通过劳动赚取的钱。这几乎是理所当然的一种认知。当有人说"自己赚的钱所以可以自由使用"，相信很多人应该对此都会表示"那是当然的"。

但是，在这里我想重新再问您一次，您对"自由"是怎么看待的呢？这不是一个可以轻易回答上来的问题，以往的许多哲学家也对此进行了很多的探讨，但是说实话他们说的都不太对。

比如，18 世纪英国的启蒙思想家约翰·洛克的想法就很简单，任谁都可以说自己的身体是自己的所有物，然后通过这个身体进行劳动，因此劳动的结果所产生的价值就是这个人自己的东西，通过与这个价值进行交换而获得的金钱也是属于这个人的东西，所以这个钱是可以自己自由支配的……嗯，把他的原文简化了就是这么一个逻辑。但是相信大部分人看完之后都会觉得"好像哪里有点不对劲"吧。

这个逻辑哪里出问题了呢？违和感的开端，在最初的命题上。也就是"自己的身体是自己的所有物"这句话。洛克很想证明"自己制作出来的东西就是自己的东西"这个命题，然而他的起点"自己的身体是自己的东西"这个命题却没有任何的支撑，把自己陷入了一个进退两难的境地。

如果说"自己制作出来的东西就是自己的东西"，那么"自己的身体"是自己创造出来的吗？当然不是。自己的身体从生物学的角度来看是由父母亲赠予而来的，在基因层面追根溯源的话，则是从单细胞生物不断延续下来的因缘而被赠予得来的。换句话说就是"被宇宙所赋予的"。因此我们要拿原本被赠予的身体当作"自己的东西"来进行逻辑理论的探讨，这件事情本身就变得荒谬了。

我们的存在是基于"死者"和"自然"的馈赠得来的。被赠予的东西就必须要回赠。我们自己也有一天会成为"死者"或者"回归自然"，因为我们肩负着给生活在未来的子孙后代的赠予的义务。也就是说，我说的"有责任的消费"，其实意思就是说，让我们把自己被赠予的存在，再赠送给未来的子孙后代吧。然而，大多数的人却很容易忘记，我们是"被赠予"才存在于这个世上的。

"消费"或"购买"是更贴近"赠予"或"支援"的活动

活跃在 20 世纪上半段的西班牙哲学家奥尔特加 [15] 把这种失去了"被先祖馈赠的感觉"的人称为"自满的少爷，即大众"。奥尔特加所定义的"大众"具有两个心理特征，即

"对于便利生活的无止境的欲求"和"对带来便利生活的过去的人们的努力和他人的努力忘恩"[16]。也就是说，所谓的"大众"，是指那些无法感觉到"被赠予"、对于"获得意外的赠予"而不自知的人。

另一方面，如果我们把注意力转向今天的日本，我们就会发现日本社会上有非常多的成年人，一边把享受着的来自社会或者其他人的贡献当作"理所当然的权利"，一边又在感到不满或者不足的时候就立刻大发雷霆。像这样的人就是忘记了自己能活在这世上，是因为自己和过去、现在和未来生活的人们之间的关系。只能说他们是在追求无限增长的高压力社会下产生的魔鬼的孩子。

接下来的高原社会当中劳动和创造将会变成一体化。在那样的社会里，以往的"消费"或者"购买"也会变成更贴近"赠予"或"支援"的活动吧。在那样的社会里守护和培养"被赠予的感觉"是非常重要的。

但是，可能有的人看到这里会觉得："我已经知道赠予是很重要的事情了，但是具体来说到底要怎么做呢？"哎呀，没必要想得那么复杂。重要的事情只有一点，就是尽可能地"给自己想要支援的对象花钱"，记住这一点就够了。

现如今我们的社会上留下来了许多精美的文化或者工艺品吧。但是这些精美的遗产并不是说随便放在那里自然地留存下来的。事实可以说正好相反，这些文化遗产，是因为那些认为"必须把这些东西留给后世"的先人们经过持续不断的支援和努力，才把宝贵的遗产留给了现在的我们，让我们的生活变得更加丰富。

日本有个叫作"开化堂"的用铜或者镀锡铜来制作茶叶罐的著名老店，有一次我跟他们的第六代当家的八木隆裕聊天时他提过，在经济高度增长的时期所有东西都变成了机械化的，社会上的主流价值观认为"手工制作太过时了"，于是他们这种要耗费大量工时去制作的传统茶叶罐就像海上遭遇强风的帆船，一度让他们的经营陷入了困境。那时候多亏了京都的茶叶店老板们坚持买他们家的茶叶罐，还鼓励他说"你不需要考虑那么多，只需要专心做好你的东西就行，做好我会买的"，这才让"开化堂"存活了下来。我想这个故事很好地为我们诠释了"支援经济如何培育社会文化的丰富性"这个命题。

用"有责任的消费"入侵市场原理

我们在日常生活中购买东西或者服务时并没有注意到，这种购买的行为也具有像是选举一样的功能。购买的人无意识地购买什么东西，就是在决定着什么样的东西会被留给下一代的人。如果我们只是单纯因为"便宜"或者"方便"等原因就不断去付钱的话，相信不久以后的社会就只会留下一些除了"便宜""方便"之外一无是处的东西了吧。如果您不希望今后的社会变成那个样子，首先就要从自己的经济活动开始重新思考了。

正因如此，"有责任的消费"的这一个理念才变得更加重要。为什么说是"责任"呢？因为我们的消费活动，会决定什么样的组织或者企业将会留存到下一代人的世界里去。如果我们对于自己的消费活动没有意识到半点的社会责任感，只考虑性价比的最大化的话，那么社会将会失去多样性，只留下一些能提供效率最高的、"有用的东西"的企业。

也有很多人对于大企业在社会上主宰一切的现象进行批判，但是他们这些企业并不是由于与当权者进行勾结才获得的支配性地位。他们之所以能够拥有那么大的权力，只是因为我们从这些企业购买了许许多多的产品而已。

总而言之，这就意味着，我们只要把这个问题扭转过来，并且能够入侵市场原理，就能把我们想要留给后世的东西好好地流传下去。

追求"更小、更近、更美"

这里非常关键的一点是向"更小、更近、更美"的这一矢量的调整。我在第二章当中提到过，近代社会发展起来的经济，已经发展到基本上解决了"普遍的物质层面的问题"，在这个过程当中产生了许多大企业。所谓的普遍性问题就是顾客在全球范围内无论在哪里都会遇到的共同问题，因此通过利用规模经济和批量生产相同产品来建立尽可能长的价值链，就会对竞争非常有利。

其结果是，"更大、更远、更高效"的强迫性价值观已经在我们今天的社会中横行肆虐，难以抹去了。这种强迫性的观念在微增长成为常态的"高原社会"上自然会成为一种精神疾患的原因，更重要的是它会成为抹杀了"由于活动而获得的自我满足式的喜悦"的原因。

所以说这里非常关键的一点是要向着反方向的"更小、更近、更美"的这一矢量迈进。如果说将价值链转换成价值循环是为了"通过互相看得到彼此的脸来交换喜悦"的话，那么日本的经济也必须脱离过去200年间一直追求的"更大、更远、更高效"，而将衡量标准转换为"更小、更近、更美"。

然后时至今日，2020年9月，能够实现这个方向转变的巨大契机已经来临了。不用我多说您也知道，就是这新型冠状病毒导致的全球大流行。日本也已经有所报道，由于感染人数的扩大，越来越多人借此机会考虑从大都市搬到小城市或者乡下去住了。这个机会说的就是远程办公。如果远程办公变成一种常态，那么让住处离上班的地方更近一点就显得没有意义了。根据全球最大的员工意识调查公司盖洛普（Gallup）公布的数据显示，"每周60%～80%的工作通过远程办公完成时，员工敬业度最高"。也就是说通勤改为每周1～2次这样的频率，生产力是最高的，如果要求更多次出勤反而会导致生产力下降。

如何转换成"更小、更近、更美"的价值循环

最近很流行的一个词叫作"新常态"，而我认为在这个"常态"当中，毋庸置疑能够带来最大的社会变化的是"远程工作的常态化"。如果一周去公司上班1～2次就可以的话，就没有必要特意在物价高、环境恶劣的大城市设立居住地了。自现代社会建立以来，我们的社会一直面临着将"公司所在的地方"和"我们居住的地方"拉近的巨大压力，现如今到了能够给这个巨大的压力减压的时代了。而且，无须我多说您也知道，"更小、更近、更美"的生活方式并不适合大城市，而是在相对较小的社区中会更容易实现。长期以来日本都面临着一个很大的难题，那就是人口和资源在东京高度集中化，可以说这次是对这个问题的很好的改进机会。

此外，还有一点不应被忽视，那就是如果远程办公可以促进未来的人口从东京往地方迁移，那么它将产生与传统的人口迁移所不同的经济拉平效应。

以往的人口往地方迁移，往往都是以"个人的收入来源"也包括在内的前提来进行转移的。也就是从"在大都市获得收入并在大都市进行消费"的生活转变成"从地方获得收入并在地方进行消费"的生活。然而今后随着全世界范围内的远程办公模式的逐渐渗透，员工的居住区域会不断分散和扩大，但这并不一定会伴随着收入来源的转移。也就是说，今

后在东京、大阪、福冈、札幌等大都市经济区设置公司总部，然后在虚拟的空间里进行活动，从中获得的收入可以投入自己的居住区域当中来促进"更小、更近、更美"的价值循环的生成。以前大都市圈往地方投放的资金循环是依靠国家财政实施的，以后身处这个价值循环当中的我们，就可以按照自己的意愿和选择来担起资金循环的责任了。

说到这儿我想起来世界上颇负盛名的贾斯珀·莫里森曾经说过一句话，他说"我一直是在城市的老街，特别是那些尽可能小的个人商店来购买伴手礼来送给我海外的朋友"。这是为什么呢？据他所说，是因为"这样做才是对那片地区最重要的贡献"。我们在说起一个地方的"让当地人引以为豪"的东西时，往往总是会想到的是这个地方的特产或者建筑物或者有名的场所之类的"东西"，但是贾斯珀所说的意思是，我们要维护的不是这些物理性质上的"东西"，更重要的事情是要去维持这个地区当中循环着的经济体系的丰富性。

相信您已经明白了吧，贾斯珀的这句话其实就是对于"有责任的消费"这一规范的很好的诠释。

倡议 3：导入全民基本收入的制度

好了，接下来我们来聊一聊全民基本收入（Universal Basic Income；简称 UBI）制度吧。最近这个词语到处都有人在讨论，因此可能有不少人已经知道是什么意思了，这里我还是简单说明一下什么是全民基本收入。

所谓的全民基本收入就是一种"无条件地为所有公民提供并支付维持文化与健康生活所需的金额"的制度。比如，日本的生活保障等，以往的社会保障内容大部分都是针对满足一定条件的人群进行有限的、选择性的支付的，而与之相对应的，全民基本收入的特点是无条件地给全体人员发放。

我在前文当中提出了一个主张，倡导大家把我们高原社会上的经济转换成为基于我们人类内心深处的冲动来驱使的自我满足式的经济，然而想要让这个转换获得成功，我认为就必须要导入全民基本收入制度。因为当我们追求一个自我满足式的社会、每一个人都像是一个艺术家或者舞者那样基于自己的冲动来投身作品或者表演的创作当中去的话，在我们从这样的创作活动中获得愉悦和充实感的同时，经济上是否稳定的这个担心一定会成为一个很大的阻碍因素。

关于全民基本收入的导入，很多地方都已经在进行热烈的讨论了，但是大部分的情况下对于导入的目的都认为是"消除贫困"以及"缩小社会差距"。我自己当然也对于导入全民基本收入可以解决让人憎恨的贫困和贫富差距的问题，或者说至少可以缩小这种差距，是持肯定的态度的，但是我认为导入全民基本收入的效果并不止于此，还会辐射到更大的次级领域。那就是"生活方式的多样化"和"促进社会革新"的作用。那究竟是怎么样的机制让全民基本收入的导入能够引起"生活方式的多样化"和"促进社会革新"的呢？我们一起探究一下吧。

智力生产的"质"与"量"的关系

在本书的第二章当中我们已经确认过，我们的高原社会当中的许多课题，都是位于经济合理性曲线外侧的问题，即使解决了也不能保证一定能够获得巨大的经济效益。为了让整个社会能够勇于挑战这些难题，就必须有一个无论结果如何，都不必为生存问题感到担忧的安全网来兜底。因为想要让社会革新取得成功，最重要的一点就是要让社会上挑战的"数量"整体保持在一个较高的水平。

这一点鄙人在之前的拙著《如何组建世界上最具创新能力的组织》当中也有提到过，左右想法的"质量"的最重要的因素就是想法的"数量"。

加州大学戴维斯分校的心理学教授西蒙顿仔细研究了作曲家和科学家的智力生产活动，得出一个结论是他们的智力生产的"质量"是基于"数量"而产生的。一般来说我们认为"数量与质量"是一种需要权衡的关系。大多数人都认为"如果追究质量就要牺牲数量""如果追求数量那么质量又会被人诟病"。因此西蒙顿所说的"质从量生"的观点，可能有点让人觉得难以置信。

但是，如果我们重新深入思考一下那些"产生杰作的机制"，就会发现上述观点其实是理所当然的事情。毕竟原本所谓的创造性这种东西，就是偶发性的，具有跟原计划不协调的特征。现实生活中的创新产生的过程，都是在经过各种各样的试错之后，许许多多的"想法"或者"举措"经过了自然淘汰，最终留下来的那些优秀的"想法"和"举措"便是创新的果实。假设这个概率是一定的话，那么如果不增加试错次数的分母，那么作为分子的创新成果也不可能有多大。

为了证明这一点，西蒙顿指出了一个人的最佳成就都是在这个人产出最多的时候出现的，不管他是科学家还是作曲家，都一样。而与此同时，科学家和作曲家一生当中"最糟糕的论文和作品"也是在同一时期产生的。

这也就是说，如果我们因为害怕失败而变得谨小慎微，减少了"举措的数量"的话，那么其结果是"质量"也会跟着变差[17]。我们总是把"失败"看作是"成功"的对立面，一边想要追求成功，一边又去尽力避免失败。然而，我们刚才的这个探讨结果就是在告诉我们，这样的"好事儿两头占"是不会发生的。

让社会革新取得成功的最低条件

想要强有力地推动高原社会上的社会革新，就只有刻不容缓地增加"举措的绝对数量"。也就是说，需要让尽可能多的人基于各自内心的冲动去挑战各种各样的社会课题。但是这里会自然出现一个问题，那就是如果他们处于一种担心，自己会因此沦落到露宿街头、生活堪忧的状态的话，那么增加举措的绝对数量就会很难开展下去。各种各样的统计数据都显示，日本人整体上来说具有相对较高的回避风险的倾向，如果不解决好这个问题，那么想要飞跃式地提升举措的数量我想应该是很难的。

我们很难想象一个内心总是对自己的生活是否会遭到破坏而担惊受怕的人，能够为了社会革新而不断想出新的优秀的点子。关于金钱的烦恼会占用大脑的处理能力，一旦陷入经济的困扰，就很难从中脱离出来。也就是会陷入所谓的"贫困的怪圈"而难以自拔。

19 世纪，在大不列颠和平时期达到最鼎盛的阶段，维多利亚时代的英国最具代表性的思想家和美术批评家约翰·拉斯金曾针对当时社会上的艺术创作和经济的问题进行了深入的思考，指出以下的观点：

现在的画家不论是谁，越是天资聪颖具有独特的创造力，就越可能在年轻的时候在穷困中挣扎度过。所以当他们的想法丰富而生动时，当他们的情绪温和而对未来充满热情的渴望时，也就是最具有决定性的时刻，如果他们的内心充盈着担忧、每日被家庭内部的辛劳所占满，那么他们的热情就会随着失望的增加而冷却。当他们因不公平的待遇而感到沮丧，不单单只看到自己的长处，对自己的短处也更加执念，心中的理想在残酷的现实面前低头的时候，他们就会丧失了曾经的凌云之志。

约翰·拉斯金《艺术经济论》

看到许多才华横溢的年轻人由于经济上的不安而放弃艺术家的职业，被迫投身到工具性的职业当中，拉斯金感到无比痛心。在思考高原社会中如何将我们的价值创造活动从"文明"切换至"文化"之时，我认为我们应该好好地重温并思考一下拉斯金所指出的这个问题。

高原社会如何防止社会差距拉大

此外，高原社会当中"价值创造的不确定性"持续走高也是必须导入全民基本收入的重要因素。20世纪中叶，全世界都存在诸多的不便、不满、不安、不快。那时只需要生产出可以解决这些问题的东西，就能够产生巨大的经济价值。因为问题都摆在眼前，所以自己给出的解决方案能够让多少人接受，基本上是可以事先提前预知的，从这一点来说当时的"价值创造的确定性"非常的高。

然而，接下来即将到来的高原社会当中，提前预知某个新事物的价值具体有多大会变得非常的难。许多活动会从"生产出有用的东西"转换成"生产出有意义的东西"，因此"生产价值的偏差值"就会变得很高。

让我们一起来进行一个思考实验吧。我们从任何人都不想做的事情、最麻烦的工作开始，想象一下通过创新实现机械化和自动化。那么最麻烦的工作被机械化之后，原来的劳动者就会去做第二麻烦的工作，这个社会的社会分工就集体往上提升一个档次。这样的提升通过200年的时间不断重复，那么能够机械化的麻烦的工作就会全部被机械化所替代。

那么，在这样的情况下留给人类的工作就只剩下"从原理上无法通过机械完成的事情"，也就是"创造"和"游戏"，但是这里有一个很大的陷阱。因为与所谓的"生产劳动"不同，"创造"或者"游戏"会带来生产力的差异，因此收入上面的差距反而会变得更大。

关于这一点我在上一本书《新人类时代》当中已经有过详细阐述，"有用"的价值和"有意义"的价值之间的偏差值非常大……也就是说会出现两极分化，最终结果极有可能是会产生莫大的经济价值的东西，但也有可能会是完全不产生经济价值的东西。

这一点用艺术作品来思考是最容易理解的。

在一张画布上绘制的艺术品的价格从数千日元到数百亿日元不等，价格范围跨度非常大。但是，作品本身所需的成本和劳动力几乎没什么不同。因此，这种极端的"价值偏差"会直接导致"极端收入所得的差距"。不用说您也知道，巨大的社会差距是变成社会分裂的很重要的原因。这里包含着一个高原社会本质的矛盾。在所有的物质层面的不满都得到解除的高原社会，我们从事一切活动的初衷，比起"有用"更注重追求"有意义"，那么这个"意义"就很可能会产生巨大的"创造价值的差距"。如果这个创造价值的差距直接导致了社会收入所得的差距，那么我们所想象的那种、从本质意义上所有人都生活得丰富多彩、充满生机活力的高原社会还能实现吗？

在生产价值的偏差非常大的高原社会里，社会中的"价值的转移和共享"会成为重要的课题。其"结果的差异"在大多数情况下只能说是因为"运势"不同而产生的。如果一个人成功创造出了意义层面的巨大价值，当然我们可以说那是他"运气好"，但同时这也意味着，这个人是因为"收到了来自宇宙的赠予"，现在将他收到的这份赠予再回报给社会，可以说也是一种礼尚往来吧。

不存在"社会投资国家"的方向

我们从人才培养的角度来探讨一下全民基本收入吧。无须我多言，一个国家的发展与成熟，很大程度上取决于这个国家的国民教育的方式。那么，怎么做才能让教育最大化地激发人力资本的可能性呢？

为了抵抗撒切尔政府之后出现的新自由主义社会，曾为英国布莱尔政府出谋划策、被人调侃为"国师"的社会学家安东尼·吉登斯提出了一个"社会性投资国"的概念。

我们的指导方针应该是尽可能多地投资人力资本，而不是直接支付生活费。我们必须设想一个在积极的福利政策背景下运作的社会投资国家，而不是福利国家。

　　　　　　　　　　安东尼·吉登斯《第三条道路》

　　在这里吉登斯把"直接支付生活费的福利国家"和"为人力资本而投资的社会投资国家"当作是对立的概念进行了探讨，但是我认为这是一种非常简单的探讨方式。因为对于"直接获得生活费的个人"来说，既然他们的生活费如何使用并没有什么限制，那么就完全有可能会用于投资自己，提升自己作为人才的资本。

　　也就是说，这两种被当作对立的国家体制实际上并不是对立的。

　　不过，可能有的人会担心，这些拿到钱却没有明确必须要用于什么途径的人，真的会拿这些钱去做有意义的事情吗？针对这个疑问的回答，我想最后还是要看这个人的"人生观"而定，但是，以往的社会实验的结果表明，大多数情况下这种担忧其实都是杞人忧天。

　　比如，曾经有报告显示，给了之前长达十年以上无家可归的人们一笔"可以任由自己支配的现金"之后，发现大部分的人会节俭地使用这些钱，然后进行有意义的投资，成功摆脱了无家可归的状况。这本书并不是一个有关全民基本收

196

入的启蒙书籍，所以这里我不准备进行详细的说明，如果读完这个章节有感兴趣的朋友，我推荐您去读读鲁特格尔·布雷格曼的《现实主义者的乌托邦》。

让职业转变为自我满足式的

除了上述担忧，关于这个全民基本收入制度的是与非，近年来在全世界范围内都在激烈地探讨着。是否导入这个制度的反对意见的核心在于，这种制度会招来一种道德风险。这样的反对意见倒也浅显易懂，但是我总觉得这个看似合理的观点背后，隐藏着一种狭隘的小心思，认为"我自己辛辛苦苦赚钱交的税，凭啥要作为社会保障金分给那些不工作的人呢"？所以说，这里所讲的"道德风险"是指，万一这种压力向着反方向释放，每个人都想着"干脆我自己也把这种辛苦的工作辞掉好了"，那么将会导致整个社会的劳动生产力停滞不前。

然而，正如各位读者朋友前文读到的那样，我是在提议社会上"劳动观的转换"，建议把全民基本收入制度当作促进转换的一个要素来导入而已。如果工作是一件辛苦的事情的话，那么任谁都会讨厌自己辛苦赚来的报酬还要被收取高昂的税金吧。更何况自己辛苦纳的税还要被分配给那些觉得"工作好辛苦、我不想干活"、完全不准备自己努力工作的人，嗯，确实是不能忍。您看出来了吗？这个思路完全是把

"辛苦的工作"当作手段，把"报酬"当作目的的工具性的劳动观。

　　但是我们高原社会上的劳动，并不是这样工具性的东西，而是要转换成劳动本身能给人带来喜悦、让人感受到生命的意义的、劳动和报酬融为一体的自我满足式的东西。在那样的社会里，对于工作成果所带来的报酬的定位将会产生很大的不同。

　　反过来说，通过导入全民基本收入制度，我们也可以同时期待这样一个效果，就是让那些觉得拥有工具性职业观的人们不必再抱着"工作虽然辛苦，但是为了获得工资也没办法"的想法工作，他们可以从现在的工作中抽离出来，转换到另一种能让他们感觉到快乐和生命的意义的自我满足式的职业当中去。

"入侵资本主义"的意思是什么

　　人类被认为是在漫长的进化过程中才逐渐获得"情感"这一机能的。为什么这么说呢，因为如果"情感"对于个体的生存和繁殖没有促进作用的话，那么我们的大脑不可能去获得这样的机能。自然界不允许这样的奢侈存在。

　　我们人类之所以要获得"情感"的机能，是因为这对于生存和繁殖是必须的。这句话反过来理解，假如我们以扼杀感情、朝着工具性的生存方式去发展的话，反而会损毁我们作为生物个体的生存能力和战斗能力的意思。如果一份工作让人感觉不到生命的意义也感受不到乐趣，仅仅只因为给的工资很高这样的理由而继续工作，那么会从本质上丧失生命原本应有的活力。

再往深处说，拥有那样工具性的劳动观的人，有可能会让不健全的工作无法从劳动市场被排除，导致一些遗留性的问题。如果我们可以根据自己内心的情感、幸福感受力来选择工作的话，那么不能给我们带来幸福的那些工作或者活动就会从这个社会上消失了吧。因为我们的社会当中市场原理还是会运转的。这就是我想说的"入侵资本主义"的含义所在。

我想强调一下，我认为实际上全民基本收入真正是为了在劳动市场当中能彻底地让市场原理发挥作用才导入全民基本收入制度。

关于"更好地活着是什么意思"的问题

关于全民基本收入的导入，现在有各种各样的讨论意见，但是说实话为数不少的讨论都让我感觉有强烈的违和感。为什么这么说呢，因为在那些探讨意见当中的大多数，都是在用"经济增长"或者"生产力提升"等这些近代化进程结束之前的"旧的价值衡量标准"来评价导入全民基本收入制度的是与非。正如本书开头所述，日本已经从推进近代化进程的"爬山的社会"，转移到了近代化进程结束后的"高原社会"了，因此再拿出这种"爬山的社会中的旧的标尺"探讨"高原社会的构造"，也探讨不出个所以然来吧。

在这里必须要问的一个问题，不是对于经济增长或者生产力的贡献有多大，而是"对于人类而言，能让人活得更有意义的社会究竟是什么样的社会？"

在《圣经·新约》的《马太福音二十章》当中，耶稣用了一种比喻的方式来阐述"天国是什么模样的"。

说一个葡萄园的主人清早去广场上雇人进他的葡萄园做工，和工人讲好工作一天得一钱银子。等到快要天黑的时候，他又去广场上转了转，看见有一群人一整天都在那转悠，就问那些人"你们在干什么呢？"，他们回答说，"我们没找着工作"。于是主人在对他们说："你们也进葡萄园去工作吧。"然后一天就这么结束了。园主下令说："对于从早上开始工作的人和从傍晚开始工作的人，统一都支付一钱银子"，然后先给从傍晚开始工作的人发了工钱。看到这个情形，那些从早上就开始干活的人就开始抱怨了："我们一整天都在太阳底下干活，为什么我们的报酬是一样的呢？"听起来是相当合情合理的一种不满，但是呢，主人用了下面这句话来回应。

拿你的走吧！我给那后来的和给你一样，这是我愿意的。

《马太福音》第二十章第 13 节

这句话仿佛是在说："我并不是在跟你讲道理。确实，也许是找到了工作的人就可以得到报酬、找不到工作的人就得不到报酬；大量工作的人得到更多，而只工作了一点点的人只能得到一点点，这样才算是合情合理。但是我想说的是，即便如此我还是愿意给他们一样的钱哪。"嗯，可以说这也是一种自我满足式的行动吧。

我再重复一遍，这不是什么逻辑上的问题。不是说这样做会导致"劳动生产力的提升或者下降"，或者"失业率的上升或者下降"，并不是在说这一类的问题。耶稣只是通过一则故事来打个比方，说"如果说有工作的人和没有工作的人都能拿到一样的钱，让他的一天过得安心自在就好了。我觉得那样的社会就是个好的社会"。

只不过呢，这里总有着一个让人近乎绝望的难题。我自己当初读到这里的时候也在想："说的真是有道理呀，不愧是耶稣，说得真好！"但好像总有一些人，对于这则故事既不能理解，也不能产生共鸣。这个证据在于，大多数专门从事《圣经》解释的神学家对这个故事的解说着实是过于曲解，让人不禁陷入沉思，为什么要故意采取如此复杂的解释呢？

我就不指名道姓了，有一位名望颇高的神学家把这个故事总结成，"这个故事是在教我们，即使无法让人类理解，也绝对必须服从神的意思"，内心实则认为"喂喂，不是'人类无法理解'，是'你自己无法理解'吧，我可是很懂的"；

而另一位神学者解释为："这故事把就业者和失业者当作一种比喻，想要表达的是'差别不好，在神的面前人人平等'的意思"。两种解读都实在让人惊愕不已。

如果我们按照字面意思直接去理解的话，应该就会明白耶稣的意图并不在于这些地方吧。他只是在说"不管是找到工作的人，还是没有找到工作的人，如果都能安心过日子，那么这个社会就很美好"，这正是全民基本收入制度的概念。

现如今，在各种各样的场合下人们都在激烈地探讨着"后疫情时代"会变成什么样子。其中大多数的观点都是用现在社会上的价值指标来展开技术性的讨论，这一点让我感觉有很大的违和感。

比如，"失业率"或者"GDP增长率"这些，如果以现在的社会体系为前提，那么当然是前者低、后者高会更好了。但是如果既要考虑满足这个价值标准，又去预测和讨论"导入全民基本收入制度之后这些指标将会如何变化"，这不是自相矛盾吗？

现在我们真正应该去做的事情，不是对各种政策方案进行技术性评估，而是像耶稣通过葡萄园的故事来展示"神的天国"的模样那般，各自描绘自己心中的对于美好社会的愿景，然后将它共享给其他人，难道不是吗？

1.　乔治·爱德华·摩尔（1873～1958），英国哲学家，出生于

伦敦。曾任剑桥大学的哲学教授。与罗素、维特根斯坦和弗雷格一起为分析哲学奠定基础的哲学家之一，分析哲学是当今英语哲学世界的主流。他的主要著作是《伦理学原理》，该书批判伦理学中的自然主义谬误。

2. 大卫·斯特罗，著有《社会变革的系统思维实践指南》。

3. 约瑟夫·博伊斯（1921～1986），德国现代美术家、雕刻家、教育家、音乐家、社会活动家。与初期潮流派艺术组织相关，留下了许多表演艺术、雕刻、装置艺术、勾线笔绘图等作品。提倡"社会雕刻"的概念，将雕刻和艺术的概念扩展到"教育"和"社会变革"的层面。曾开设"自由国际大学"、参与组建"绿党"等，其社会活动和政治活动在德国国内也形成了毁誉参半的激烈论调。

4. 拉坦·塔塔（1937～），印度企业家，塔塔集团的族长。21世纪初期，以在印度普及汽车为目标，以10万卢比的惊人廉价销售为目标，宣布了开发"塔塔·纳努"汽车的号令。

5. 安藤百福（1910～2007），日本实业家。日清食品的创始人。方便面的发明者。

6. 脊髓灰质炎，由于脊髓灰质炎病毒（poliovirus）侵入中枢神经系统导致感染而引起的四肢急性松弛麻痹是其典型的病症，过去常见于儿童发病，因此也被叫作"小儿麻痹症"。日本在1960年曾发生大流行，全国患者人数达到6500人。当时给1300万的儿童进行疫苗接种预防，其结果是当年的患者数量骤减，3年后感染人数降至100人以下，取得了非常明显的效果。之后在1980年有最后1例患者，到现在为止再也没有出现过因为天然的脊髓灰质炎病毒造成的患者了。然而，世界上其他国家到现在为止仍然没有彻底根除这种疾病。世界卫生组织（WHO）正在与世界各国携手强化对策，希望继巳经根除的天花之后，可以全面消灭小儿麻痹症。原定于2000年彻底消除世界上的小儿麻痹症的宣言不得不往后延，但是 2000 年的时候 WHO 西太平洋地区已经宣布彻底消除，欧洲地区也即将宣布取得胜利，整体上来说患者数量确实是在不断减少的。只不过在非洲、南亚和东亚等地区，由于经济和政治的不稳定，治疗对策仍然没有发挥出充分的效果。

7. 乔纳斯·索尔克（1914～1995），美国医学家。脊髓灰质炎疫苗的开发者。在研发脊髓灰质炎疫苗时一心只想尽可能快地开发出安全且有效的疫苗，完全没有考虑个人的利益。在电视采访中被问到"谁拥有这个疫苗的专利"时，他说"不存在专利，像太阳这种东西也不会有专利的吧"。

8. 佳士得，世界知名拍卖公司。1766 年 12 月 5 日由艺术品经销商詹姆斯·佳士得在英国伦敦创立。

9. 参观交代，日本江户时代的一种制度，各藩的大名前往江户替幕府将军执政一段时间然后返回自己的领地。

10. 艾萨克·阿西莫夫（1920～1992），美国作家和生化学者，波士顿大学教授。一生留下了 500 多本著作。作品分布在科学、语言、历史、神学等多个领域，尤其以科幻小说、对普通老百姓进行的科学解说书籍和推理小说而广为人知。

11. 理查德·佐尔格（1895～1944），苏联情报人员。1933 年到 1941 年，组织苏联谍报团在日本从事情报活动，调查德国和日本对苏联参战的可能性等。

12. 巴夏礼，即哈里·斯密·巴夏礼爵士 (1828～1885)，英国外交官。从江户时代末期到明治时代初期，担任了 18 年的英国驻日本公使。巴夏礼对他下属的使馆工作人员说，建议公使馆的公务尽量在上午完成，下午则用于对日本进行研究。也可以说是进行所谓的"东洋学研究"。

13. 亚当·斯密（1723～1790），英国哲学家、伦理学家、经济学家。出生于苏格兰。主要论著有论伦理学书籍《道德情操论》（1759 年）和经济学书籍《国富论》（1776 年）。

14. 卡尔·马克思（1818～1883），来自德国普鲁士王国的哲学家、思想家、经济学家和革命家。他对社会主义和工人运动产生了强烈的影响。他自 1849 年（31 岁）移居英国之后，一直在英国工作。在弗里德里希·恩格斯的合作下，他确立了科学的社会主义（马克思主义）作为全面的世界观和革命思想，并说明了由于资本主义的高度发展，社会主义和共产主义社会必将到来。他毕生精力都在研究资本主义社会，其研究成果凝聚成了《资本论》一书，以此理论为基础的经济体系被称为马克思经济学，对 20 世纪以后的国际政治和思想都产生了非常大的影响。

15. 奥尔特加，即何塞·奥尔特加·伊·加塞特（1883 ~ 1955），西班牙哲学家。主要著作有《堂吉诃德沉思录》《大众的反叛》等。奥尔特加把"只有欲求，认为自己身上只有权利，没有义务"的人们定义为"大众"，他认为法西斯的势力就是由这种"大众"支撑起来的。

16. 奥尔特加《大众的反叛》。

17. 事实上以前也有人根据自己的经验说过类似的话。诺贝尔化学奖得主莱纳斯·卡尔·鲍林经常会被学生问道"我应该怎么做才能想出一个好的研究方案呢"，他总是会回答"不管怎么样先思考出很多的方案，然后把那些糟糕的方案抛弃掉"。曾经担任英特尔 IT 战略与技术总监的玛丽·墨菲·霍伊也曾说过，"如果你没有失败过成功次数的数十倍，你最好认为自己并没有承担足够的风险"。

补　论

　　我想向读者朋友们表达的内容，到上一章为止基本上已经说完了。而且这本书的篇幅也远远超过了我当初的设想，直接结束也可以了。但是我还是想在本书结束之前，用非常简短的方式给大家介绍一下想要实现高原社会，以下几个提案值得考虑。

1. 社会构想会议的设立

　　在补论当中我第一个想要提出的建议是，日本放弃成为"小美国"的想法，通过实施社会体系和流程，构建一个新的社会愿景。

　　正如我在第一章中指出的那样，日本从 20 世纪后半段开始一直是朝着成为"小美国"的方向努力前进。好像这样的思维方式已经深深地印在了日本人的灵魂里，到现在还四处都能看到有人高喊着，只在跟美国进行比较时才成立的所谓"日本不行论"。

　　然而，我认为首先把美国当作比较对象来思考日本的社会制度这件事情本身就是荒谬的。因为把美国和日本进行比较的前提，也就是两国的基本条件也相差得太多了。比如，美国拥有日本 25 倍的国土面积（美国 = 983 万平方千米、日本 = 38 万平方千米）、人口也是日本的 2.6 倍（美国 = 3 亿 2716 万人、日本 = 1 亿 2588 万人）、天然资源方面更是得天独厚（能源自给率：美国 = 92.6%、日本 = 9.6%）、国民基本是移民，或者是移民的后代（移民比例：美国 = 14.5%、日本 = 1.6%）、使用国际通用语言——英语作为其事实上的官方用语[1]，且决定性的差异在于，跟人口已经开始递减的日本不同，美国现在还处于人口持续增长的状态，是一个极其特殊且各方面都具有优越条件的国家。

在物质和人力资源方面都如此大相径庭的两个国家，如果日本非要把美国当作标杆盲目地进行比较会导致什么样的结果呢？距今 100 年前，出生在文明开化如火如荼地推进的年代的夏目漱石，借用他的小说《从此以后》当中主人翁长井代助的嘴，对于想要成为一等国而不断做着与自身条件不匹配的努力的日本的将来，说了这样一句话。

就像一只要跟牛去竞争的青蛙一样，你呀，肚子都裂开了哦。

夏目漱石《从此以后》

对于日本那些从战争的灰烬之后走过来、饱尝着物质层面不足的辛酸来参与到国土复兴当中去的人们来说，20 世纪 50 年代物质层面繁荣富强的美国就成了他们"憧憬的国家"，这一点我也不是不能理解。当时日本被期待能够成为证明资本主义会带来物质繁荣的展示橱窗，给亚洲人一个示范的榜样，对于这些我们也都欣然接受了。

然而，正如第一章当中提过的那样，日本社会已经完成了物质生活的基础建设，继续朝着"小美国"的方向前进的意义已经不大了。当日本人把长达半个多世纪以来自己背负的这个"成为小美国"的思想包袱卸下的那一刻，应该能真切感受到眼前多出了各种各样的选择吧。

朝着"大型的北欧式国家"前进吧

那么，我们应该以什么样的国家或者社会模式为榜样来建设家园呢？尽管我想要避免过于仓促地发表自己的浅见，但是之前的章节当中在讲到倡议的时候也已经提过了，我认为如果要和"小美国"这个定义相对应，从大的层面来说答案应该是"大型的北欧式国家"。与其盲目追求经济增长，不如建设一个减少社会差距、任何人都能接触到自然、艺术、文化的国家，从本质上构建一个更加丰富多彩、人人都能活出精彩的社会。当然了，这只是我个人的一点浅见，最终如何发展还是应该让全社会通过交流探讨才能决定。

要说我为什么一直执着于"社会构想"，那是因为"构想的匮乏"就直接会反映到"行为的匮乏"上面去。

其中一个明显的例子就是 1970 年日本召开的大阪世博会。众所周知，此次世博会上提出的一些示范技术，后来实际上确实在社会上得到了应用。常常被人当作例子来说的有无线电话、温水洗净马桶、自动人行道、单轨铁道等。当时世博会的主题是"人类的进步与和谐"这样宏大的标语，但是说实话我心中难免觉得"这些东西跟这个主题搭吗"？温水洗净马桶确实很方便舒适，但是要说这个是"人类的进步"，总觉得哪里不太对。

而另一方面，当我们把那些"没有得到实现的东西"重新拿来看看，就会发现构想力的匮乏已经不仅仅是滑稽了，而是让人产生了不寒而栗的恐惧感。比如，作为当时世博会最具盛名的"洗澡机"就曾经轰动一时，见图 17。

一个人把头露出来，身体躺进直径大约 2 米的胶囊当中，通过超声波产生气泡清洗身体，前后两端会有喷嘴喷出温水淋浴，最后吹出暖风让身体干燥，是一个全自动的洗澡装置。

现在的我们回过头来看这个发明，只能说它更像个恶搞的东西吧。但是据说当时三洋电机创始人兼会长的井植岁男先生，在公司讨论拿什么展示品去世博会上展示时，提出了"如果能造出一个自动洗澡的机器应该会很受欢迎"的点子，然后这个想法就被他们给实现了。

图17 "洗澡机"

更让人震惊的事情是，这个"洗澡机"并不是只在世博会上做展示，实际上还真的卖出去过。标价为800万日元。当时大学毕业生的起步工资也才只有3.7万日元，按物价换算的话相当于现在的4000万～5000万日元了。当时的那些人脑子里到底是怎么想的呀……

仅仅构想出了一种"匮乏的丰富性"

我想重新好好聊一聊的是，上述想法的"匮乏"。对于日本人来说，入浴可以说是一种远远超过了"保持身体清洁"这种日常生活上的必要性的行为，而是为了获得身心的愉悦。即使是对于当时处在经济高度发展过程中的人们来说，入浴这件事，也应该是结束一天的辛劳之后能够切实感受到一丝丝喜悦的非常重要的时光。竟然有人想要把这样的事情也用机器来实现自动化，这与真正的丰富多彩的人生是多么大相径庭、多么匮乏的一种想法呀！

本书当中已经在第一章阐述过，1970 年前后的日本就已经逐渐进入了"文明化的终结"的阶段。大阪世博会正是在这个时间召开的，因此当时的展会主题被设定为与以往的路线不同的"新的进步"。然而实际上看到这些所谓的"进步"，着实让人发自内心地对他们的构想的匮乏程度感到失望。那些过去只是通过"文明化，也就是有用性"来产生价值的人们，对于他们的将来也只能按照"更加有用、更加便利的东西"这个思路来设想未来的生活的模样，这样的将来只能说是一种"匮乏的丰富性"。

这是什么意思呢，意思就是说如果我们不有意识地去描绘未来社会的景象的话，它就会由于以往的惯性和惰性在过去的发展轨迹的延长线上继续推移下去。对于生活在大阪世博会那个时期的人们来说，过去很强的惯性作用就是"文明化"。它是把社会朝着"更方便""更高效""更短时间"的方向推进的力量。正因为如此，在大阪世博会上展示的"未来的社会"中，就有人设想了许多让生活变得"更舒适和便利"的东西，如自动洗澡机、人工消除台风的氢弹、能流出果汁的水龙头、能从墙壁上直接出来的报纸等。

然而，这样的"便利"不仅让我们越发感觉不到生活的
丰富性，相反还会让我们不断地感受到"伴随着情绪或者浪
漫的不便"所带来的负面的、匮乏的丰富性。我们越是站在
现在的角度来重新回顾大阪世博会上的这些提案，我们就越
会意识到"未来构想"这件事的难度和它的重要性了。

2.社会平衡计分卡的导入

　　不论我们怎样描绘未来社会应有的模样，毫无疑问的
是，它一定是由许多各种各样的子系统所构成的一个复杂的
系统。如果说要用一个单一的指标来作为主轴对这个复杂的
系统进行衡量和评价的话，那我只能说这是一个堂吉诃德式
的想法。

　　我们人类的身体和社会一样复杂，也是由各个子系统构
成的。在确认我们身体是否健康时，体检单子上会有数十个
指标要检查，而且不同的指标之间并没有什么优劣之分。但
是我们在衡量跟人体一样复杂的社会是否健全的时候，不知
为何只有 GDP 这一个突出的重要指标，真的是让人匪夷所
思呀！

　　本书当中已多次提及，在文明化进程还未成熟的时候优
先考虑 GDP 的指标，某种程度上来说有它的必然性。但是
在一个文明化已经进入终结阶段的国家里，只突出 GDP 这
个指标的权重来判断社会运营的巧拙是弊大于利的。这是因

为我们的社会有多种因素与经济增长之间存在取舍关系，只评价一个权重突出的项目会让社会失衡。

那要怎么做呢？我想提出一个"社会平衡计分卡"的概念[2]。这里面的平衡记分卡[3]是指一种评级机制，它不以销售额或者利润等短期的结果指标来评价企业的业绩，而是从各个侧面来评价企业经营管理是否平衡。具体来说，原始的平衡计分卡是通过财务、客户、内部运营、学习与成长这四个维度来对企业进行评价的。

这里有一个重点在于，这四个指标之间是需要进行平衡取舍的。如果想要短期提高利润，通过降低制造成本，或者减少人工费等可以短期内达成目标，但是从长期来说可能会导致顾客流失或者员工士气低落等问题，最终造成业绩低迷。这里有一个"中期和短期"的时间轴，以及"内部和外部"的空间轴构成的一对评价指标轴。

日本政府的愚民政策大限将至

我认为，关于评价社会运营好坏的指标，也同样不应该突出或重视某一个指标，而是应该立足于我们理想中的高原社会的多个侧面，采用平衡计分卡的方式去多方位地衡量和评价。

那么这个计分卡需要由哪些指标构成呢？这些才是我们讨论完"想要建成什么样的社会"这个话题之后真正应该去

考察的主题，如果我们把高原社会构想成"每个人都活力十足、做着能够发挥自我特长的工作、度过健康而有文化且充实的一生的社会"的话，那么我认为这样的社会指标当中就必须要有以下这些"流程与库存""品质与数量""短期与中长期"相关的项目。

- GDP（根据实际情况修改计算方法）
- 主观上的幸福感及生活满意度
- 贫困率及经济差距水平
- 失业率
- 对工作感到有意义的水平
- 劳动时间
- 残疾人参与社会的程度及其收入的水平
- 学习机会和成长机会
- 艺术和文化的水平
- 绿化水平
- 医疗水平
- 社区服务水平
- 社会关系资本的状态
- 多样性的水平
- 碳的排放总量等环境负荷水平
- 对自然环境的保护程度

当然，要同时满足上述所有的要素是不可能的。如果优先经济增长，那么就会像美国那样出现悲惨的贫富差距社会，而如果注重减少社会差距，就不得不在某种程度上牺牲经济的增长。但是，并不能因此就轻易地决定把某一个要素给"咔嚓"一刀砍掉，那也是不被允许的。

这里就体现出了企业经营和社会运营当中一个很大的不同点。企业经营讲究张弛有度，一般来说根据所处的环境只需要集中精力去提升少数的几个KPI[4]即可。然而政治家需要考虑的事情是"资源分配的艺术"，既要不落下任何一方来取得整体的平衡，同时又要根据现实情况去调整某些要素的权重[5]。

本来呢，两党执政制度的初衷是两个政党分别从上述指标选出各自的政策当中哪些指标优先、哪些指标可以放缓实现，然后互相交换意见，通过选举将各自政党的"社会构想"告知国民，国民好好地思考双方的政治构想，对支持的一方进行投票。然而现在日本政府的愚民化政策实施得太好了，以致上述这种机制根本没有发挥的余地，基本上属于一党专政的状态，而且这种状态即将过完四分之三个世纪了。但是，我觉得这种做法应该很快就要走到头了吧。

3. 税率的修改

税率的修改简单来说就是要"提升税金"。最近我在各种场合都在提这个建议，但是不少人听到这个提议之后就会瞪大眼睛对我说："你是不是疯了？"我想他可能内心想的是"就现在这样生活都够辛苦的了，你到底想干吗？"，但是我想说，凡事都有两面性的，请大家先少安毋躁，我们不要只看到加税这件事"夺走了什么"，也来好好衡量一下"会带给我们什么"吧。

首先，如果要考虑面前提到的全民基本收入制度，且要搭建以捐款等为代表的赠予系统的话，加税就是不可避免要发生的事情。总的来说，在今天的日本，税收抵不上支出，所谓的基本平衡一直为负，为了调整平衡每年都在新增债务，要想达到上述福利水平，加税是绝对不可避免的。

说到底其实是因为日本的税率"太低"导致的。许多人可能默认"日本的税率很高"，但实际上日本的国民负担率跟其他国家相比绝对不是高水平，在经济合作与发展组织加盟国（简称：OECD）的 36 个国家当中，是国民负担率排在倒数第 8 位的国家。

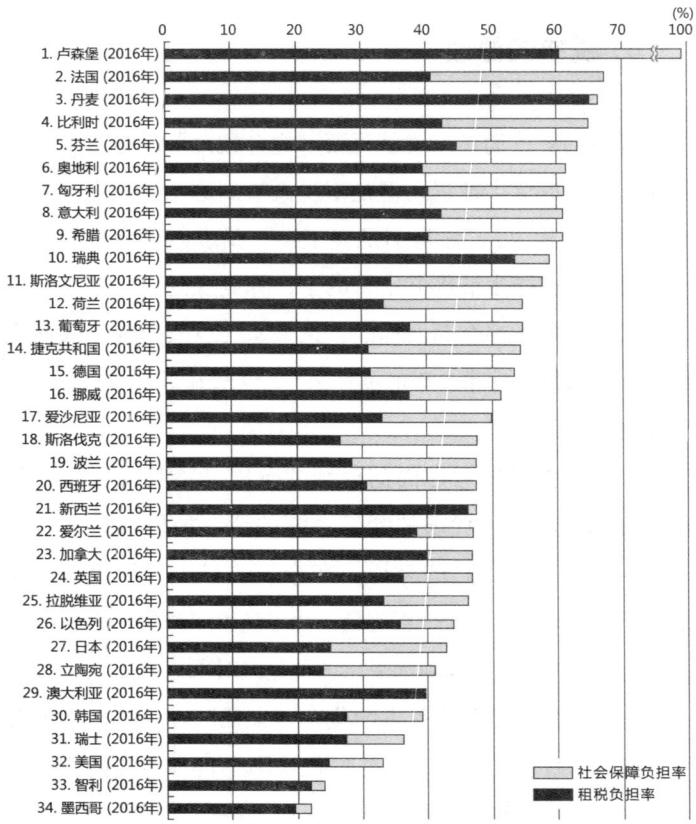

图18 国民负担率（对国民所得比）的国际比较（OECD 的 34 个国家）

（注 1）OECD 加盟国 36 个国家当中 34 个国家的实际数据对比。剩下两个国家（冰岛和土耳其）由于未能得到国民收入的数据，没法计算国民负担率（对国民所得比），因此没有标注在这个图表里。

（注 2）括号内的数字表示国民负担率占 GDP 的百分比。

通过图 18 就可以很明显发现"日本的税率并没有那么高"。这些年日本的国民负担率一直在 40% 上下浮动[6]，在发达国家当中就只有美国比日本的负担率低。如果我们把目光转向欧洲各国，就会发现有很多国家的国民负担率都比日本高，比如，法国的 68%、芬兰的 63% 等。

也许在那些觉得日本的负担率太高的人看来，比日本的负担率高出了整整 20% 的这些国家当中，国民肯定被沉重的赋税压得喘不过气来，可能正在过着非常悲惨和贫穷的生活，简直要靠吃路边的草来维持生计了吧。然而现实情况好像完全不是这个样子。

幸福指数排名靠前的国家的国民负担率

请看图 19。这幅图的横轴表示的是负担率，纵轴表示的是世界价值观调查当中的"幸福感排位顺序"。

这样比较着来看，我们就能发现幸福感排名的上下与国民负担率的高低基本上没有关系[7]，尤其是幸福感排名靠前的国家一般都是国民负担率比较高的国家（幸福感排行前五名的国家的平均负担率为 58.9%，比 OECD 加盟国的平均负担率 50.8% 要高出 8.1%）。

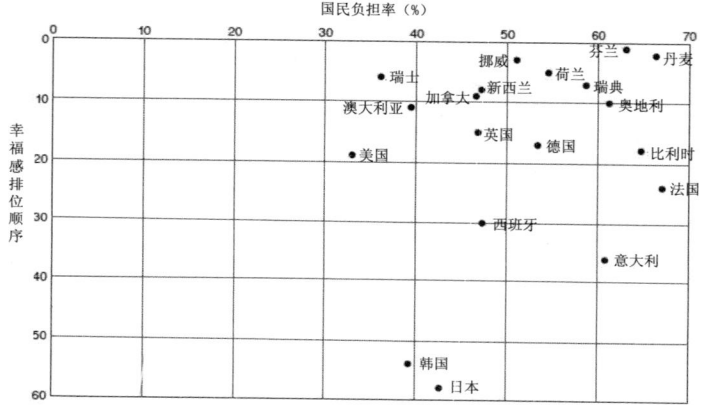

图 19　世界各国幸福感排位顺序及税收国民负担率

另外一方面，如果国民负担率提高之后我们能够期待什么样积极的效果呢？当然，前面提到的实现全民基本收入这种"高福利"自然是核心的目的之一了。不过我认为提高国民负担率还可以在我们搭建高原社会的价值基准这件事上给我们带来三个附加的效果。

第一个效果是，把高负担率的税收制度与"捐赠减税"机制相结合，可以营造出"赠予文化"。可能这会变成一种尤其以富裕层为实施对象的政策，比如，在法国，如果年收入超过 15.7806 万欧元，则适用 45% 的所得税。这 45% 的税金你当然也可以选择直接上交国库，但是如果你进行了某些捐款，就可以将你的年收入减去捐款金额，以这个差额所适用的税率来交税，这样就可以少交一点税了。

这样一来，就会有越来越多的人觉得，与其自己辛苦赚的一半的钱被政府收走，最终也不知道它的用途，还不如赠送给自己支持的团体或者个人呢。

前文已经提过，我们社会上残留的大多数问题，并不是那种解决了之后就能切实地获得巨大的经济回报的。因此，仅仅依靠所谓的市场原理来解决的话，那些问题就永远得不到解决，会永远留在这个社会上。如果我们可以通过捐款来培养社会上的赠予文化，那么就应该会给这个社会带来很大的助力，会超越经济合理性的框架来获得解决那些问题所需要的人或组织等资源。

减少"臭工作"的政策

提高国民负担率可以得到的第二个效果是，"为了钱而努力工作并无济于事"这种价值观会蔓延。

作为一个思考试验请想象一下这种情况。比如，在日本，假如有一天2000万日元以上的收入需要缴纳70%的所得税，5000万日元以上的收入要缴纳90%的所得税，会发生什么呢？我想应该会有两个变化。

第一个变化是觉得辛苦努力赚钱提升年收入是一件很蠢的事情的人肯定会增加。哪怕拼命努力工作获得了更高的工资收入，但是其中大部分都要当作税金上交国家。如果是这样的话，相信很多人都不会为了钱而工作，而是会选择从事能够让自己感到喜悦的工作吧。

想要建设理想的高原社会，让劳动从为了生活而进行的工具性的活动，转变为劳动本身就是一种能够愉悦自我的满足式的活动的话，这就是非常重要的一个关键。或者说，稍微减少劳动的时间，能让人们有时间去享受音乐、运动流汗、与家人多聊聊天等，本质上享受丰富生活的时间有所增加。像这样的工作与生活的平衡关系，也正是高原社会要去追求的东西。

然后第二个变化是，公司将不再有动力支付近乎愚蠢的高额报酬。即使给员工开出很高的工资，其中大部分也作为税金被国家收走的话，那么能留住优秀人才的关键就会从经济上的报酬转变为非经济的报酬，也就是说会转移到工作是否足够有意义、与同事相处的愉快程度，或者说工作中的自由度的大小等要素上去。

这种转变应该有助于减少"臭工作（只有报酬这一点具有吸引力，工作的内容很空虚，自己也感受不到究竟有何意义的工作）"。

提高对政治的参与度

最后，提高负担率可以得到的第三个效果是能够提升国民对于政治的参与度。我去问那些坚决反对和厌恶提高负担率的人原因的时候，在日本经常有人提出这样的意见："明明是政治家和官僚们做得不好才让国家预算不够用，为什么要让我们老百姓擦屁股呢？"但是我觉得这话的逻辑也很奇怪。

如果说，现在读到此处的您也是这样想的话，那么请思考一下，为什么您对政治不更关注一些呢？日本这个国家的宪法保障了国民的基本权利，可以支持某些政党或者政治家提出可以接受的税金使用方案，也可以反过来反对那些自己不能认同的税金使用方案。

那么日本人是否充分利用这样的权利给当权者施压，让他们用一种我们所希望的方式使用税金呢？不可否认肯定是有一部分人具备这样的意识的，但是整体趋势上来说不得不称为"少"。

举个例子，2019 年 7 月日本举行的第 25 届参议院议员换届选举的投票率是 48.8%。单看这个数字，不知道其他国家的状况的人可能会觉得"嗯，差不多都这样吧"。不知道这些人看到以下这些没有设置任何处罚规定或者义务投票制度的国家的投票率数值时，该做何感想呢[8]。

与这些数值对比来看，日本的投票率有多低，也就是说日本国民对于政治的参与度有多低就一目了然了吧[9]……投票率高的国家一般是国民负担率比较高的国家，某种意义上也就合情合理了。

比利时	88.4%
瑞典	87.2%
丹麦	84.6%
冰岛	81.2%
挪威	78.2%
德国	76.2%
芬兰	68.3%

如果自己收入的一半以上都要交给政府管理，那么政府收集这些资金拿去做什么，自己会表示强烈的关心是理所当然的事情。然后这种强烈的关心也会促进国民政治修养的提升。因为自己想要判断政党或者政治家提出的政策的好坏，就必须对社会上存在的问题有自己的理解，要思考希望以怎样的方式加以解决，为此就必须不断学习和进步。

这在高原社会当中解决"位于经济合理性曲线外侧的社会问题"上是非常重要的一点。

让世界变坏的"不批评不关心的好人"

在日本这个国家，一种名为"漠不关心"的病正在蔓延。这对于民主主义来说是非常危险的征兆。为什么这么说呢，因为让这个世界变坏的，不是那些一眼就能看出来的"容易辨识的坏人"，而是那些"不批判、漠不关心的好人"。曾在 20 世纪 60 年代领导美国民权运动的马丁·路德·金牧师将"好人的漠不关心"列为阻碍社会变革的一个因素，并感叹道：

在这个变革的时代，最可悲的不是坏人的尖酸刻薄的语言，也不是暴力，而是好人的可怕的沉默与漠不关心。

在高原社会，经济将由"同理心"和"慰劳"来驱动。在那样的社会里面，"漠不关心"应该是最大的敌人吧。为了消灭这个敌人，我们也必须将社会转型到由大家一起分担的"高负担、高福祉"的社会上去。

4. 教育体系的再设计

接下来我想聊一聊教育的话题。关于日本的教育体系，最近以教育学家以及实际上从事教育工作的人们为中心进行了许多活跃的讨论。像我这样的立场的人并不打算对这些讨论指手画脚。只不过，我这个教育行业的门外汉，也曾经有着 20 多年关于组织开发、人才培养、组织变革的项目咨询经验，从旁观者的角度来看，我感觉现在正在推进的所谓"教育改革"存在着好几个用"按错按钮"来表达重大谬误，因此想在这里提出这些问题。

首先请阅读以下摘要：

> 为了应对未来科学技术的发展以及产业结构和就业结构的变化，需要具有独特个性和创造性的人才。
>
> 以往的教育都倾向于以记忆为中心的填鸭式教育，但在未来的社会中，我们要做的事情不仅是单纯获取知识和信息，更重要的事情是要适当地使用它们，学会自己进行独立思考和创造，提升表达能力。
>
> 创造性与个性具有密切的关系，只有拥有个性之后才能真正培养出创造性。

看到这里，相信大部分的人都会觉得："啊，最近是经常听到类似的话呢。嗯？这个有什么问题吗？"问题是这根本不是最近才有的理念。

这段摘要是从 1987 年的日本临时教育审议会编当中引用而来的[10]。看完这个，就知道原来现如今的教育工作者口中常常出现的"重视创造性""尊重个性""摆脱填鸭式教育"等这些教育课题，早在 30 多年前就已经有官方版本了。然而，那之后日本的教育模式，跟以前相比发生了巨大的改变吗？

尽管我们很难对此进行全面而准确的评价，但是我想没有一个人敢拍着胸脯说"有"吧。

就职活动当中的"场面话和真心话"的欺瞒

　　尽管我们30多年前就已经清楚地知道"问题是什么——应该改变什么"和"解决方案——应该怎样改变",然而经过各种各样的举措都未能引起什么直观的变化。那么也就意味着我们如果继续相同的讨论,到最后即使实施了解决方案,也只能是同样的状况重复30年而已吧。像这样没有意义的讨论就不要继续了吧。这就是我想要提出的提议。

　　尽管应该改变的问题已经明确,但是不管怎么样采取对策也仍然无法引起变化,那么这个问题基本上就是由于"复杂的系统"所引起的。这里所说的"复杂的系统"是指"产生问题的系统为开放式的,其现象表现为在比我们肉眼可见的更大的范围内由于多种多样的因果关系而引起问题"。

　　美国麻省理工学院斯隆管理学院的彼得·圣吉提倡"学习型组织"的概念,这给20世纪的经营科学带来了最重大的影响。他认为要解决这类问题,以往被重视的"把整体分成局部,改正不好的地方"这种要素还原主义的方法论,也就是所谓的"理论思考"是不会起作用的,必须要有能够统领全局的"系统性思考"来进行研究。

　　这是什么意思呢? 意思就是说想要解决这个问题,就要知道造成问题的原因超出了教育的范畴,如果不针对这个原因对症下药就不可能从本质上解决它。

我个人认为，在教育现场采取的各种举措最终都没有产生效果的原因，相比教育的过程来说，更大的原因潜伏在教育系统的输出端，也就是就职活动以及在那之后的经济活动和社会活动当中。这又是怎么一回事呢？

本书不是专门写教育的书籍，且这一章节只不过是本书的补论而已，因此这里想要避免过于详细的探讨，理由可以一言以蔽之，那就是：

说真心话，没有人想要有个性的人才。

社会上大部分企业并不希望录用有个性的人才，相反他们希望录用的是顺从和耿直的人才。小孩子们早已看穿了这种"场面话和真心话"的欺瞒，因此所谓的培育创造性或者个性的教育就像是个滑稽剧一样走个过场而已。

应届毕业生统一招聘录取这一体系的终结

对于我上述言论，可能有的人会有不同意见，认为"不是呀，没那回事儿，我自己是真的希望找到有个性的人才"。

然而我们到处都能找到能展示"社会的多数派并不想要有个性的人才"这种"成年人的真心话"的社会规则或者构造。比如，"应届毕业生统一招聘录取"，这种世界上少有的异样录用方式到现在还在继续，这是为什么呢？

所谓的"应届毕业生统一招聘录取"，是以"与所有人在同一时期、进行同样的活动、在同样的时间内入职"为前提的。而且用人的企业竟然会一起礼貌地等待到"允许开始进行录用活动的日期"再开始招聘员工，多么奇怪的一种现象啊。把这种录用方式作为获得主要人才的手段，其实就是在传递一种信息："我们公司不需要跟社会的规则不能统一步调的'有个性的人才'"。

最近，在日本不管什么企业好像都在给劳动市场传递着"寻找能够引领变革的个性化人才"这样毫无个性的宣传信息，然而既然他们仍然采用的是"应届毕业生统一招聘录取"这种录用方式，那么发送上述的宣传信息本身就是一种自我欺骗，以至于每每让我不得不佩服他们这种恬不知耻的表演。

"应届毕业生统一招聘录取"的系统是以"短期内评价大量的候选人"为前提而成立的。这里面存在着一个大问题。因为要对人进行评价就一定会发生"精度与时间之间的取舍"。想要短时间内进行评价就无论如何都会牺牲了精度，而想要提升精度就一定要耗费更多时间。尤其是有关"个性"或者"创造性"这种跟人性相关的要求，是没有办法通过笔试来评价的，因此想要高精度地进行评价就要耗费大量的时间和成本。

图 20 中展示的是在人才培养的世界当中经常被使用的典型"冰山模式"图。之所以会用"冰山"来比喻，是因为

人才需求是由"水面上露在外面容易观察到的需求"和"沉在水下不容易从外侧观察到的需求"组合而成的。

通过考试能够考察出来的解决问题的能力归属于"知识"和"技能"的范畴，这些相对来说比较容易从外部进行评价，因此在应届毕业生统一招聘录取过程中也可以拿来做评价的手段。

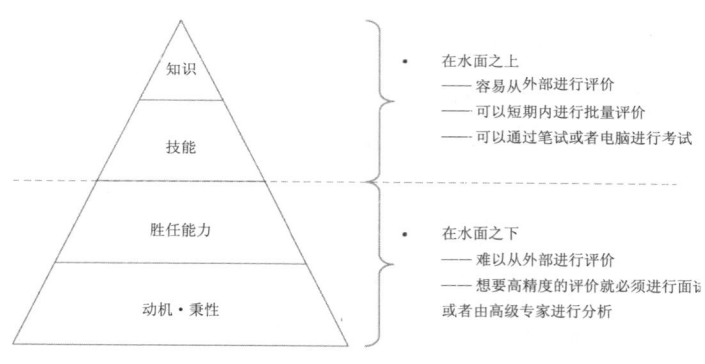

图 20　人才需求的"冰山模型"

然而另一方面，个性或者创造性这种东西，是跟胜任能力或者动机以及秉性这些有关系的，短时间内很难从外部进行评价。经常会有人把胜任能力和能力或者技能混淆在一起，实际上它们是完全不同的概念，这一点需要注意。

最初提出胜任能力概念的是哈佛大学教授主讲行动心理学课程的戴维·麦克利兰 [11]，要说起他为什么会提倡导入这样的概念，是因为他意识到一个问题，如果我们单纯用知识和技能，这种很大程度上受父母亲的学历或者收入影响的因素来评价人才的话，社会的贫富差距会越来越大。

这一点直到现在也是一样啊。那些能够承担得起高额的私塾费用的家庭里面出生的孩子，和碰巧没有出生在那样的环境里面的孩子相比，他们的"知识"和"技能"之间存在差异也是很容易想象的事情。因此以这样的维度来评价和选拔人才的企业负责人，实际上是在为扩大社会的不公平添砖加瓦，不知道他们是否自知呢？

革命要从"此时此刻的我"开始

话说回来，麦克利兰教授正是为了告诉这个世界这种不公平的影响才提出的"胜任能力"这个选拔人才的维度。这能帮助考察候选人的思考特性和行动特性，"当身处某种局面的情况下，要怎样去处理自己遇到的问题"？

现如今尤其是海外的企业一般都是通过录用实习生的方式招人。为什么实习生的形式会成为主流呢？就是因为对于一个新人来说，如果你不去亲眼考察其实际的工作状态就很难弄清楚这个人的胜任能力或者秉性。

再结合上述所说的日本应届生统一招聘录取这件事情来看，越想就越觉得结论只有一个，那就是在日本"没人真正想要有个性的人才、充满创造性的人才等"。如果真的想要，就应该迫不及待地把这种录用方式废弃掉才是。

作为系统性思考的立足点，我对现状的认知是"现在的教育体系，是为了产生现在这样的结果而被最完美地优化了的"。我想这本书您读到此处，首先肯定认为现在的日本教育体系存在很大的问题，所以对于我说的"现在的教育体系被完美地优化了"这样的观点会感到强烈的违和感吧。

　　但是我是从过去处理过的诸多复杂的问题的经验来做出这样的阐述的。因为当我们为了解决这样复杂的问题而进行系统分析就会发现，多数情况下人们会实现的并不是他们嘴巴上说出来的"渴望的未来"这种场面话，而是他们内心当中"现在希望的模样"这种真实想法的反映。

　　也就是说，我们所有人都有从现在的教育体系当中获得不少回报，我们不希望看到因为改变体系而导致失去这些回报。如果您不摆正这样的认知，即使喊破了喉咙说是日本文科省的错，日本教育体系的错，或者私塾乃万恶之源，等等，今天的问题永远不会得到解决。

　　本书到这里就要结束了。我想说在这本书当中笔者提出来的这些改革方案，归根到底有一个非常重要的认知前提，就是造成现如今世界的悲惨现象的，正是我们自己。

　　既然问题是由"在某处的某个人"而引起的，那么要去修正它的人也自然是"在某处的某个人"。这世上有这种想法的人不计其数。这些人充满仇恨的具有攻击性的语言，把网络的虚拟世界变成了污秽不堪的垃圾场。可是，这样的世界认知持续下去，终点处等待我们的就只有"停滞的黑暗山谷"了吧。

如果我们想要创建一个"成熟的、明亮的高原"一般的社会，那么首先要做的事情就是转变我们的认知，要意识到既然是"此时此刻的我"引起了诸多的问题，那么革命也必须从"此时此刻的我"开始。

---

1. 美国联邦政府并没有明确规定使用什么官方语言，只是 32 个州都规定了将英语作为官方用语。因此这里表述为"实质上将英语作为其官方用语"。

2. 关于这个命名，我之所以想要跟现如今逐渐普及的"仪表盘"在名称上区分开，并不是因为笔者想要独占这个命名的荣誉，而是仪表盘给人的感觉只是单纯地"把多个指标放在一起"而已，而使用计分卡的话，不同的指标之间会存在着重点与次要的取舍关系，如何去平衡好各个指标，给哪些指标更大的权重等这种"主观管理意愿"也能够得到体现，因此才把它命名为社会平衡计分卡。

3. 最初的平衡计分卡的概念，是在 1992 年由哈佛商学院的教授罗伯·卡普兰与管理顾问大卫·诺顿提出来的。

4. Key Performance Indicator（关键绩效指标）的简称。被认为是衡量组织目标的实现情况时最重要的指标。

5. 顺便说一下，这两方面对领导的素质要求似乎有很大的不同，我觉得如果某个方面取得成功的话，另一方面往往就会做得不好。丘吉尔就是一个很典型的例子，战争时期他将英国所有的资源都投入与纳粹德国之间的战争中去，充分展示了其一流的领导力水平，但是战后的和平时期，他的表现哪怕是偏心一点来说也只能称得上是二流水平。

6. 根据日本财务省发布的数据显示，日本在 2020 年的预算基础为，国民负担率：44.6%、租税负担率：26.5%、个人所得率：8.0%、法人所得税：5.4%、消费税：9.4%、资产税等：3.6%、社会保障负担率：18.1%。

7. 使用 OECD 全部的加盟国家的数据来验证幸福感排名顺序和国民负担率的相关性，得到的 R2 的数值为 1.074，因此可以认为没有相关性。

8. 数据源自 GlobalNote 数据库《世界议会选举投票率 国别排行推移图》。

9. 发达国家中与日本的投票率差不多的就只有美国一个国家（大约在 50%）。但在美国想要进行投票必须要有投票权登记等资格才行，与日本的选举系统存在很大差异，因此很难单纯拿来做比较。

10. 临时教育审议会是日本以教育改革为目的而设置的内阁总理大臣直属的咨询机构。简称为"临教审"。20 世纪 80 年代开始由于日本入学考试竞争过热化，青少年不良行为的增加，以校内暴力、欺凌、逃学等为代表的教育环境恶化，以及对学历社会产生的损害等社会问题突出，1984 年在日本中曾康弘首相的主导下，设置了这个以致力于长期教育改革为目的的临时教育审议会。

11. 戴维·麦克利兰（1917～1998），美国心理学家。通过结合心理和组织行动问题的研究，如胜任能力和社会性动机的理论等，对之后的组织心理学的发展产生了很大的影响。

结　束　语

致社会的黑客们

带着对革命的全部热情拥抱你！

埃内斯托·切·格瓦拉

　　这世界上有两种人。其中一种是感觉到这个世界"哪里有点不对劲""好像有点不合理"，然后试图去改变它的人；还有一种是接受现状，认为世界"就是那么一回事儿""没有办法"，只想自己好好地在社会上活下去的人。

　　如果您是属于后者这种类型的人，那么本书的内容可能对您就起不到任何作用了，您也很难坚持读到这个"结束语"的部分吧。也就是说，能够坚持阅读到这里的您，就应该属于前者的类型。您对世界上充斥着的不合理或者不对劲的地方会感到义愤填膺，想要改变这种现状，但是站在这样巨大的敌人面前又不知道该如何采取行动，于是会不断进行自己的思考。

　　我在这本书的最后，想要跟这样的你们提出一个建议，就是现在开始去做"社会的黑客"吧。我们不需要用锤子把我们现在所依存的这个社会体系从外侧敲碎，而是像一个冷静低调的革命家一样，静静地渗透到系统内部，通过一些举动最终改变整个体系的行为方式。相信在今后的世界里，会有越来越多的地方能看到拥有这样的思考方式和行为方式的人们不断涌现出来。他们才是主导21世纪的社会变革的"黑客"。

活跃于20世纪上半期的德国哲学家马丁·海德格尔通过"世界剧场"的概念，阐明了他认为"当下存在"，即我们的本质，与"我们在社会上发挥的作用"是不一样的。在舞台上表演的角色在心理学上被称为"Persona"。所谓的Persona就是一种"人格面具"的意思。即戴着跟实际上的自己不一样的人格面具，扮演着别人给自己设定的角色。

英语当中"人格"这个词叫作"personality"，这个词汇原来也是从Persona变形而来的。于是，所有的人都是为了在世界剧场扮演角色而被放到世界这个舞台上。海德格尔把它称为"投影"。被投影的这些人，在世界的剧场里面沉浸在自己的角色当中就叫作"沉没"。

这里会出现一个问题，那就是"当下存在"与"角色的区别"。许多人并不能很好地区分开哪个是正在世界剧场扮演着某个角色且已经沉浸在其中的自己，哪个是真正的自我。获得好的人生剧本的人，就会觉得自己的当下存在"非常好"，而不是自己的角色很好；而拿到的是无名小卒的配角的人，也会觉得是自己的当下存在"可有可无"，而并非自己的角色定位的问题。于是理所当然地，只有那么极少数的人能拿到主角的剧本。大多数人拿到的都是跟白萝卜一样平淡无奇的群演角色，但他们在这个世界舞台上想要扮演好自己的角色也需要历经艰难困苦。而另一方面，他们在为那些沉浸在好剧本里面引吭高歌的主角们拍手叫好的同时，内心真实的想法却只停留在"好希望自己的剧本也像他们那样好哇"。

相信这世上没有一个人认为这个世界是健全且理想的吧。也就是说用世界剧场的思路来说，这个剧目本身就完全不行。因此我们要做的事情是改变这个世界剧场的剧本，然而这里浮上来的一个论点在于"由谁去修改这个剧本"的问题。说实话这很难。因此能够修改剧本的人一般都是具有很大的影响力和发言权的大人物，如编剧或者导演等。但是我们稍微想想就能知道，像这样的人是不可能去修改目前的剧本设定的。因此他们在这个世界剧场的舞台上正在演绎着美好的角色，没有什么可以激励他们去对剧本进行大幅度变更。

也就是说，只有那些完全不适应这个世界剧场的人们，那些拿到了无名小卒的角色的人们，才可能成为这场变革的主导者。想必这些人将会成为社会的黑客改变这个世界吧。

但是，这真的可能吗？当然是可能的。请回想一下至今100年前的世界。当时的社会，女性没有选举权、与生俱来的经济差异被理所当然地接受、大部分的儿童被迫从事着残酷的肉体劳动、剧毒的工业废水未经处理直接流入河流……站在现在的我们的角度来看简直是难以置信的地狱般的生活，就被那些认为"世界就是这么一回事儿"而放弃挣扎的人们接受了。那么又是为什么这些现象或者习惯到今天的社会已经根绝了呢？

原因不言自喻。因为有那么一些人会发出积极的声音去指责"这样不对"。他们中的大多数也并不是历史留名的革命家，如果说我们的社会比起当时来说进步了那么一点点的话，那么我们就不能忘记是他们——曾经的一群"无名的黑客"的功劳。

我们这代人正在接过他们的接力棒。因此我们也有责任将这个接力棒传递到下一代人的手中去。这是什么意思呢，意思就是当现在的我们认为"世界本就如此"而接受了的现在的社会现状，在100年后的人们看来也许就是"多么愚蠢"的行为或者习惯哪。

对于那些忘记了这世界还有很多关键问题有待解决的人、那些把当下的世界认为"就是那么一回事儿"而全盘接受的人，我们并不能期待他们来修正这种"愚蠢"，所以说能承担起这个重任的，就只有此时此刻正在阅读这个结束语的您了。请您务必承担起成为"社会的黑客"的重任，投入新的美好世界的建设当中去吧。

2020 年 12 月

作者介绍

山口周

SHU YAMAGUCHI

1970 年出生于日本东京。独立研究者、作家、公众演说家。莱布尼茨代表。庆应义塾大学文学部哲学系、文学研究科、美学艺术史系硕士毕业。曾在电通、波士顿咨询集团等从事战略制定、文化政策、组织发展等工作。《世界上的精英们为什么要培养 "审美意识"？》（光文社新书）获得商业书籍大奖 2018 年度银奖、HR 大奖 2018 最优秀奖（书籍部门）。还有其他著作，包括《给男性地位逐渐劣化的社会的处方签》《如何组建世界上最具创新能力的组织》《外商顾问的智力生产技术》、《击败谷歌的广告模式》（笔名为冈本一郎）、《外商顾问的幻灯片制作要领》（东洋经济新报社）、《提升知识战斗力：自学的窍门》《新人类时代》《哲学是职场利器》等。目前住在神奈川县叶山町。